Magie-Heilungen für Anfänger

Methoden für
Diagnose und Therapie

Kontakt: www.HarryEilenstein.de
Harry.Eilenstein@web.de
Harry Eilenstein bei youtube

Herstellung und Verlag: BoD – Books on Demand, Norderstedt

ISBN: 9783756223497

Inhaltsverzeichnis

I Diagnose

Eine Heilung beginnt in aller Regel mit einer Diagnose – egal, ob die Heilungs-methode ein Woodoo-Zauber oder ein chirurgischer Eingriff ist. Die Art, wie diese Diagnose durchgeführt wird, kann entsprechend der angestrebten Heilungsmethode sehr verschieden sein.

Generell wird ein Verständnis für die Krankheit angestrebt, wobei auch die Deutung der Krankheit sehr verschieden ausfallen kann und ebenso die Bewertung der Diagno-se durch den Patienten.

Vermutlich gibt es nur wenige Bereiche, in denen man eine größere Vielfalt an Me-thoden als bei der Heilung finden kann. Daher bietet dieses kleine Buch auch nur einen ersten Überblick und eine generelle Orientierung. Der Schwerpunkt liegt – wie der Titel schon sagt – auf den magischen Diagnose- und Heilungs-Methoden.

Da es einem Kranken in der Regel nicht wichtig ist, wie er gesund wird, sondern nur, daß er gesund wird, ist es naheliegend, den magischen Ansatz mit den anderen möglichen Heilungsansätzen zu vergleichen und zu beschreiben, in welchem Fall welche Methode sinnvoll ist.

In der Regel wird es am effektivsten sein, mehrere Diagnose- und Heilmethoden zu kombinieren – natürlich nicht alle, aber mehrere, da jede Methode einen anderen Aspekt deutlich macht bzw. seine Heilung fördert.

Dieses Buch ist keineswegs als Ersatz für einen Arzt, Homöopathen oder Heiler gedacht, sondern soll vor allem eine Übersicht über die verschiedenen Ansätze geben. Der Schwerpunkt liegt bei diesem Buch – wie gesagt – auf den magischen Methoden.

Die meisten Themen werden in diesem Buch nur kurz beschrieben. Gelegentlich wird am Ende eines Abschnitts auf Bücher hingewiesen, in denen das betreffende Thema ausführlicher beschrieben wird.

I 1. Die medizinische Diagnose

Man sollte, wenn man ernsthaft krank geworden ist, nicht auf eine ganz normale medizinische Diagnose verzichten. Schließlich verfügt die heutige Medizin über eine sehr großes Fachwissen und über sehr viele Hilfsmittel. Auch wenn man innerlich mit der Krankheit sprechen kann oder eine Traumreise zu ihr unternimmt, spricht wirklich nichts dagegen, auch einen Arzt zu fragen, woher die Symptome, die man hat stam-men. In Bezug auf die genaue Beschreibung des physischen Zustands des Körpers ist die heutige Medizin nicht zu übertreffen. Daher sollte man auf diese Möglichkeit nicht verzichten.

I 2. Die homöopathische Diagnose

Die homöopathische Diagnose funktioniert vollkommen anders als die medizinische Diagnose. Der Homöopath versucht sich ein Bild von der Gesamtsituation eines Menschen zu machen, was zwar mit seinen aktuellen Beschwerden beginnt, aber sich dann in mehrere Richtungen ausweitet: Wie sieht die gesamte Krankengeschichte des Betreffenden aus – von seiner Kindheit an bis heute? Welche auffälligen Verhaltensweisen hat er? In welcher Familiensituation und in welcher sozialen Situation steht er? Hat er auffällige Träume? Was ißt er gerne? Wie schläft er? Wie gestaltet er sein Leben?

Aus diesem Gesamtbild, das bei der sogenannten „Erst-Anamnese" erstellt wird, versucht der Homöopath dann, die wichtigen Elemente zu erkennen. Er versucht also den „Klang", die „Farbe", den „Duft" des Patienten zu erfassen. Er strebt danach, die der Gesamterscheinung des Patienten zugrundeliegende Qualität zu erkennen.

Dadurch entsteht ein tiefgehendes und umfassendes Bild des Patienten.

I 3. Die psychologisch-analoge Diagnose

Die psychologisch-analoge Methode wird noch nicht viel verwendet. Bei ihr betrachtet man die Krankheitssymptome und schaut, was da eigentlich genau geschieht und übersetzt das dann in die Sprache der Psyche.

Wenn z.B. jemand Multiple Sklerose („MS") hat, bildet sich die Hülle der Nervenbahnen zurück. Das bedeutet auf die Psyche übertragen, daß der Betreffende sich nicht gut abgrenzen und schützen kann.

Allergien sind eine Autoimmunreaktion, d.h. die weißen Blutkörperchen greifen Stoffe im eigenen Körper an, die gar keine Bedrohung sind. Das geschieht, wenn jemand seine Aggressionen verdrängt hat – sie werden dann gegen sich selber gerichtet: die Autoimmunreaktion ist eine Folge der Autoaggression.

Wenn jemand Krebs hat, teilen sich an einer Stelle des Körpers die Zellen wahllos. Hier liegt also eine ungerichtete Expansion vor. Diese Krankheit tritt auf, wenn man nicht seine eigenen Ziele verfolgt und sie nicht in seinem Leben verwirklicht. Das vom Krebs befallene Organ zeigt, um welchen Lebensbereich es sich handelt: Haut –

Kontakt; Brüste – Nähe/Nähren; Leber – Ziele; Hals – sozialer Selbstausdruck; Hoden bzw. Eierstöcke – Sex, Kinder; usw.

Mit etwas Übung kann man mit der analogen Diagnose sehr schnell feststellen, was die psychische Entsprechung zu der körperlichen Krankheit ist. Das ist insofern wichtig, als sich die meisten körperlichen Krankheiten nur heilen lassen, wenn auch ihre psychische Ursache geheilt worden ist.

(Bei Bedarf siehe mein Buch „Die Symbolik der Krankheiten".)

I 3. Die körperlich-analoge Diagnose

Drei weitere Diagnose-Methoden, die man auch zu den analogen Methoden rechnen kann, die jedoch zu anderen Ergebnissen führen als die psychologisch-analoge Methode, sind die Fußreflexzonen-Massage, die Iris-Diagnose und das Handlesen.

Diese Methoden beruhen auf der Selbstähnlichkeit von organischen Systemen. „Selbstähnlichkeit" bedeutet, daß man die Qualität, die das Ganze hat, auch in allen seinen Teilen wiederfindet. Daher kann man durch die Betrachtung eines Teiles des Körpers auf den Zustand des ganzen Körpers schließen.

Die Fußreflexzonen-Massage beruht darauf, daß sich der Körper im Fuß widerspiegelt: Der Dicke Zeh entsprechen dem Kopf, die anderen Zehen Teilen des Kopfes, der vordere Teil des Fußes dem Brustraum, der mittlere dem Bauch und der Knöchel dem Hüftgelenk – der Rest des Beines ist nicht abgebildet. Diese Entsprechung ist sehr viel präziser und detailreicher als eben dargestellt – man kann z.B. genau sagen, wo auf dem Fuß die Entsprechungen zu dem unteren Ende der Speiseröhre, der Leber oder den Eierstöcken liegen. Auch die Lage der Chakren läßt sich genau angeben. Wenn man den Fuß massiert, kann man die Stellen im Körper, an denen die Lebensenergie nicht frei fließt, dadurch erkennen, daß diese Stellen des Fußes schmerzen.

Bei der Iris-Diagnose findet sich ein Abbild des menschlichen Körpers in der Iris des Auges. Hier sind es die Flecken und Farben der Iris, die Rückschlüsse auf den Zustand des Körpers ermöglichen.

Das Handlesen ist von diesen Methoden am besten erforscht: Hier sind es die Länge, Breite, und Kanten der Handlinien, die Auskunft über den Körper und auch über die Psyche eines Menschen geben.

Es gibt noch weitere analoge Methoden, die ein anderes Körperteil dazu benutzen, um den Gesamtzustand des Körpers zu erkennen. Die meisten dieser Methoden sind jedoch ziemlich unbekannt – lediglich die Ohr-Diagnose, die das äußere Ohr als Bild des Körpers benutzt, kann einem hin und wieder begegnen.

Auch das Gesicht ist ein Bild des Körpers: Stirn – Kopf; Augenbrauen – Arme; die

Stelle zwischen den Brauen – Hals; Nase – Genitalien; Mitte der Oberlippe – Wurzelchakra; Mund – After; Oberkiefer – Oberschenkel; Kiefergelenk – Knie; Unterkiefer – Unterschenkel; Knie – Füße. Interessanter Weise gibt es das Sprichwort „die Nase eines Mannes ist wie sein Johannes" – die Analogie zwischen Nase und Penis ist offenbar bereits allgemein bemerkt worden.

Die Stelle zwischen der Nase und der Oberlippe entspricht dem Wurzelchakra zwischen Genitalien und After – dieser Punkt ist daher der Notfall-Punkt in der Akupunktur, an dem das Fließen der Lebenskraft im Körper durch die Aktivierung des Wurzelchakras wieder in Gang gesetzt werden kann.

Letztlich kann man jedes Körperteil für solch eine Deutung verwenden – die nötige Sachkenntnis über die möglichen Zustände des betreffenden Körperteils haben allerdings hauptsächlich Fachärzte oder Krankenpfleger, wobei sie natürlich nicht unbedingt danach schauen, wie man aus dem Körperteil auf den Gesamtzustand des Körpers schließen könnte.

Es fällt auf, daß bisher vor allem Füße, Hände und Gesicht, also die äußeren Enden des Körpers, sowie die Iris und das Ohr, die in gewisser Weise ja auch äußere Enden des Körpers sind, für die Analogie-Schlußfolgerung auf den Zustand des gesamten Körpers verwendet werden.

Das läßt vermuten, daß sich auch die Nase und der Penis für diese Methode verwenden lassen könnten.

I 5.   Die Traum-Diagnose

Die Traum-Diagnose funktioniert ähnlich wie die analoge Diagnose. Wen man sich einige Träume des Kranken anschaut und deutet, kann man das Bild erkennen, das der Kranke gerade von sich selber und von der Welt, in der er lebt, hat. Das zeigt wiederum die Probleme in seinem Leben, die mit großer Wahrscheinlichkeit auch die Ursachen für seine Krankheiten sind.

Um Träume deuten zu können, muß man sich auf ihre Sprache einlassen und ihnen genau zuhören und nichts in sie hineininterpretieren.

Ein Traum, in dem eine Frau in einer Kiste in einem Schrank in einem verschlossenen Raum in ihrem Haus zwei kleine Kätzchen neben der toten Mutter dieser beiden Katzen findet, zeigt zunächst einmal, daß sie etwas gut Verborgenes und Verdrängtes gefunden hat: Haus – verschlossenes Zimmer – Schrank – Kiste. Das Thema, das sich dort befindet und verdrängt worden ist, ist die fehlende Mutter – die Katzenmutter ist tot. Zudem ist die betreffende Frau von ihrem Charakter her eigentlich ein Raubtier – eben eine Katze – was sie jedoch sehr wahrscheinlich ebenfalls gut verborgen hält.

Zum Erlernen dieser Traumdeutungs-Methode braucht man einiges an Übung – was natürlich auch für die meisten andern Diagnose-Methoden zutrifft.

(Bei Bedarf siehe mein Buch „Die Sprache des Mondes – für Anfänger".)

I 6. Die psychologische Diagnose

In der Psychologie gibt es viele verschiedene Diagnose-Methoden – vom Rorschach-Test über die freie Assoziation von Sigmund Freud bis hin zur Amplifikation von C.G. Jung.

In der Psychologie wird danach gestrebt, die Inhalte der Psyche zu erfassen und auch ihre Entstehungsgeschichte zu verstehen. Die Blickrichtung der psychologischen Diagnose ist also noch einmal anders als die der medizinischen Diagnose (Körper), der homöopathischen Diagnose (Lebenssituation), der analogen Diagnose (Entsprechung zwischen Körper und Psyche) und der Traum-Diagnose (aktuell aktive Inhalte des Unterbewußtseins).

Einige dieser Diagnose-Methoden sind eher langwierig, andere Methoden – vor allem die, die auf medizinischen Untersuchungen beruhen – sind recht schnell.

I 7. Die psycho-soziale Diagnose

Ein wichtiger Aspekt der Psychologie, der im Laufe der Zeit immer mehr Beachtung gefunden hat, ist die Familiensituation des Patienten – man könnte diesen Bereich die „Sozial-Psychologie" nennen. So gut wie niemand wächst isoliert auf, sondern in einem System, das in der Regel bereits durch verschiedene Themen geprägt worden ist, die von dem Kind übernommen werden – man „erbt" eine Familientradition.

Bei komplexen Situationen oder bei hartnäckigen Problemen kann es daher hilfreich sein, einmal die eigene Familiengeschichte (bzw. die des Kranken) aufzuschreiben. Dafür benutzt man ein großes Blatt Papier oder die Rückseite von einem Stück Tapete und malt darauf den eigenen Stammbaum auf – also alle Verwandten, über die man irgendetwas weiß. Dann trägt man das Alter ein, das diese Menschen erreicht haben, ihr Tierkreiszeichen, ihre Krankheiten, ihre Vorlieben, ihre Todesart, die Art ihrer Beziehungen, ihren Beruf usw.

Schließlich betrachtet man diesen Stammbaum und markiert die Dinge, die sich wiederholen wie gleiche Berufe oder die Unterdrückung des Mannes in der Ehe oder eine Serie von Selbstmorden oder Selbstmordversuchen oder eine Sport-Begeisterung. Auf diese Weise kann man die ersten Konturen der Familientradition erkennen, die man von seiner Sippe „geerbt" hat.

I 8. Die soziale Diagnose

Die soziale Diagnose bezieht sich auf die Lebensumstände des Heilungssuchenden: Wie lebt er? In welchem Milieu wohnt er? Welchen Beruf hat er? Hat er oft den Beruf gewechselt? Wieviel Geld verdient er? Ist er verheiratet? Hat er Kinder? Ist er oft umgezogen? Welche Konflikte mit anderen Menschen hat er? Hat er gute Freunde oder Freundinnen?

Auf diese Weise kann man zu einem Bild über das äußere Leben des Betreffenden gelangen.

Auch die soziale Situation kann Krankheiten hervorrufen: Die Depressionen eines Mannes, der neben einem KZ wohnt, werden sich kaum heilen lassen, wenn man in der Therapie das KZ unberücksichtigt läßt. Aber schon die Frau mit den massiven Schlafstörungen muß bei ihrem Heilungsansatz evtl. berücksichtigen, daß sie nur 10m von einer vielbefahrenen Eisenbahnstrecke entfernt wohnt.

I 9. Das Beziehungs-Mandala

Im Idealfall entwickelt ein Kind in seiner oralen Phase das Lebensgefühl der Fülle, in seiner analen Phase das Lebensgefühl der Stärke und in seiner phallischen Phase das Lebensgefühl der Selbstliebe.

Die Entwicklung dieser „drei Schätze der Psyche" – Fülle, Stärke und Selbstliebe – kann natürlich auch gestört werden.

Dann wird aus der Fülle der Mangel, der dann entweder zu der Prägung des lauten Süchtigen oder zu der des leisen Asketen führt; dann wird aus der Stärke die Angst, die dann entweder zu der Prägung des lauten Täters oder zu der des leisen Opfers führt; und dann wird aus der Selbstliebe der Selbstzweifel, der dann entweder zu der Prägung des lauten Stars oder zu der des leisen Fans führt.

Jeder dieser sechs Extreme hat ein bestimmtes soziales Umfeld: Sie suchen sich männliche und weibliche Leidensgenossen, die zu ihren Freunden werden. Sie suchen sich einen Menschen, der dasselbe Geschlecht hat wie sie, aber das Gegenextrem lebt (bei einem Süchtigen wäre das ein Asket) – dieser Mensch wird zu dem Feind. Schließlich gibt es noch einen Menschen mit dem anderen Geschlecht, der wie der Feind ebenfalls das Gegenextrem lebt – das wird dann der Beziehungspartner.

Offensichtlich wäre es sehr förderlich, wenn der Ratsuchende diese Struktur und Dynamik in seinem eigenen Leben erkennt, da er es dann leichter hat, zu verstehen, wie seine eigene Polarisierung zu einem Extrem sein gesamtes Umfeld und seine ganzen zwischenmenschlichen Begegnungen prägt. Diese Beziehungen sind fast bei allen Menschen eines der wesentlichen Lebensthemen, die – wenn sie nicht eine lebensförderliche Form erlangen können – zu Auslösern von Krankheiten werden können.

(Bei Bedarf siehe dazu mein Buch „Das Beziehungs-Mandala".)

I 10. Die astrologische Diagnose

Die astrologische Diagnose besteht zunächst einmal aus der Deutung des Horoskops des Kranken. Ein sehr großer Teil der körperlichen, psychischen und sozialen Krankheiten hängt mit den Quadraten in dem Geburtshoroskop zusammen. Quadrate sind jedoch keine „bösen Aspekte", sie wollen lediglich Freiheit erlangen – was manchmal im Leben ein wenig schwierig sein kann.

Die von der Krankheit betroffenen Körperteile kann man fast immer anhand der astrologischen Häuser erkennen, in der die beiden an einem Quadrat beteiligten Planeten stehen.

Ergänzend zu dem Geburtshoroskop kann man noch den aktuellen Planetenstand in seiner Beziehung zu dem Geburtshoroskop des Betreffenden hinzunehmen.

Auch die astrologische Diagnose erfordert einiges an Vorarbeit und Übung, doch ist sie sehr hilfreich, da man anhand des Horoskops die wichtigen Lebensthemen eines Menschen erkennen kann. Wenn der Betreffende für seine Lebensthemen keine lebensförderliche Formen finden kann, entstehen Krankheiten, die die Negativ-Form dieser Lebensthemen sind.

Die bei der analog-körperlichen Diagnose-Methode beschriebene Selbstähnlichkeit entspricht der Feststellung, daß das Geburtshoroskop den gesamten Menschen einschließlich seiner Psyche und aller seiner Körperteile beschreibt. Das bedeutet, daß alle Körperteile nach demselben Grundprinzip – das durch das Horoskop sichtbar wird – gestaltet werden.

I 11.   Die magische Diagnose

Schließlich gibt es noch die magische Diagnose, die in diesem Buch deutlich ausführlicher als die übrigen, schon genannten Formen der Diagnose beschrieben wird. Hier gibt es eine sehr große Vielfalt, von der in diesem Buch nur ein kleiner Teil beschrieben wird, der jedoch ausreichen sollte, um einen groben Überblick zu erlangen.

Für das Erwerben der Fähigkeit, auf magische Weise eine Diagnose zu erstellen, ist auch hier wieder einiges an Studium und vor allem an Übung notwendig. Wie bei den meisten Dingen gibt es jedoch auch die Möglichkeit des „learning by doing", d.h. man fängt einfach mal mit einer Methode an und schaut, welche Resultate sie bringt, und baut sie dann nach und nach aus oder fügt weitere Methoden hinzu.

Solange man sich darüber bewußt ist, welches Niveau die eigenen Fähigkeiten haben, kann man sich schließlich mit den Kranken im eigenen Leben unterhalten und die eigenen magischen Diagnose-Methoden ausprobieren, um zu sehen, wie gut sie schon funktionieren.

I 11. a)   Die Körperhaltung

Um aus der Körperhaltung eines Menschen auf dessen psychischen und physischen Gesundheitszustand schließen zu können, bedarf es einer großen Übung. Eine solche Beurteilung gelingt einem vermutlich dann am besten, wenn man Tänzer oder Physiotherapeutin ist, Yoga unterrichtet, Parcours-Trainer ist oder eine ähnliche körperbezogene Tätigkeit ausübt.

Man kann zwar einzelne Merkmale beschreiben, aber zu einem sicheren und differenzierten Urteil bedarf es doch einer großen Erfahrung. So läßt z.B. ein Hohlkreuz auf Anpassung, ein dicker Bauch auf Mangel, Knieschmerzen auf Streß im Beruf, eine gehauchte Stimme auf eine verborgene Angst usw. schließen.

Doch dieses Thema ist zu groß, um es in einer solchen Übersicht wie hier ausführlicher darstellen zu können.

I 11. b)   Der Schutz des eigenen Raumes

Ein sehr weit verbreitetes Problem ist der mangelnde Schutz des eigenen Umraumes. Daher ist es in fast allen Fällen, in denen man um Rat oder Heilung gebeten wird, sinnvoll zu überprüfen, ob der Betreffende in der Lage ist, seinen eigenen Raum zu schützen. dieses Problem tritt eigentlich nicht überdurchschnittlich oft auf, aber Menschen mit diesem Problem – also „Opfer" – suchen überdurchschnittlich Hilfe für ihre Probleme bei anderen Menschen.

Es gibt drei Distanzen, die in Bezug auf den eigenen Raum von Bedeutung sind. Der persönliche Umraum, also die „Aura", erstreckt sich ungefähr bis zu dem Handgelenk des ausgestreckten Armes, also plus/minus 60cm weit in den Umraum.

Die erste Grenze ist dort, wo sich die Umräume von zwei Personen berühren, also bei der Distanz, bei der die beiden Personen mit ausgestrecktem Arm ihre Handflächen aneinander legen könnten – also in einer Distanz von ca. 120cm.

Die zweite Grenze ist dort, wo der eine mit seiner flachen Hand den Körper des anderen berühren könnte – also in einer Distanz von ca. 60 cm.

Die dritte Grenze ist erreicht, wenn sich die beiden Körper berühren – also bei einer Distanz von 0cm.

Das Erreichen dieser drei Distanzen fühlt sich recht unterschiedlich an: bei 120cm ist es eine relativ friedliche erste Berührung des anderen, bei 60cm ist es ein eher aggressives Eindringen in den Bereich des anderen, bei 0cm ist es (wenn es ein Fremder ist) eine akute Bedrohung.

Bei der „Umraum-Diagnose" stellt sich der Patient zunächst einmal sich mit geschlossenen Augen in den Raum und der Therapeut geht langsam und leise auf den Patienten zu. Wenn der Patient das Gefühl hat, daß der Therapeut in seinen Umraum kommt, sagt er „jetzt" oder etwas ähnliches. Dann bleibt der Therapeut stehen und beide vergleichen ihre Wahrnehmungen: Wie hat sich das angefühlt? Gab es Widerstand? Wie groß ist die Entfernung zwischen beiden?

Dann geht der Therapeut nacheinander einmal von hinten, einmal von rechts und einmal von links auf den Patienten zu, der wieder seine Augen geschlossen hält. Meistens unterscheiden sich die Abstände, bei der der Patient sagt, daß der Therapeut in seinen Raum kommt, sehr deutlich. Bisweilen nimmt er auch auf einer der vier Seiten gar nichts wahr.

Die Vorderseite ist die Richtung der bewußten Tätigkeiten und Ziele, die Rückseite ist die Unterstützung von anderen und insbesondere von den Eltern, links und rechts ist der Bereich der Freude und der Beziehungen.

Die Klarheit, mit der der Patient das Eindringen in seinen Bereich wahrnimmt, zeigt, wie bewußt er sich seines Umraumes ist und wie sehr er ihn tatsächlich als den eigenen Raum empfindet und für welche Körperseiten/Themen er besonders sensibel ist.

Als nächstes stellt sich der Patient mit offenen Augen in den Raum und der Therapeut geht langsam auf den Patienten zu. Wenn der Patient das Gefühl hat, daß der Therapeut in seinen Umraum kommt, sagt er „Stop". Wenn der Therapeut dieses „Stop" überzeugend findet, bleibt er stehen – wenn nicht, geht er weiter …

Die Klarheit und vor allem der Nachdruck, mit dem der Patient „Stop" sagt, zeigt, wie sehr er in der Lage ist, seinen Raum gegen Angriffe zu verteidigen.

Bei dieser Diagnose-Methode kann es vorkommen, daß der Patient intensive Gefühle erlebt, sich an frühere Situationen der Grenzverletzung erinnert usw.

(Bei Bedarf siehe mein Buch „Telekinese für Anfänger", in dem weitere Varianten dieser Methode beschrieben werden.)

I 11. c)   Die Massage

Falls es aus irgendeinem Grunde passend sein sollte, daß der Therapeut den Patienten massiert, läßt sich natürlich auch aus den Muskelverspannungen einiges auf den psychischen und physischen Gesundheitszustand des Patienten schließen.

Für diese Diagnose-Methode wird wieder viel Erfahrung benötigt und sie wird in der Praxis nur selten vorkommen – es sei denn, der Therapeut ist zugleich Masseur.

I 11. d)   Die astrologischen Häuser

Die astrologischen Häuser stellen den Körper des Menschen auf eine sehr einfache Weise dar. Die Folge der 12 Häuser entspricht der Folge der 12 Tierkreiszeichen – die Häuser stellen jedoch Lebensbereiche und Körperbereiche dar, während die Tierkreiszeichen Qualitäten und Stile darstellen.

1. Haus	- Widder	- Kopf
2. Haus	- Stier	- Hals
3. Haus	- Zwillinge	- Arme
4. Haus	- Krebs	- Lymphe, weibliche Brust
5. Haus	- Löwe	- Herz, Lunge
6. Haus	- Jungfrau	- Magen, Darm
7. Haus	- Waage	- Nieren
8. Haus	- Skorpion	- Genitalien, After
9. Haus	- Schütze	- Oberschenkel
10. Haus	- Steinbock	- Knie
11. Haus	- Wassermann	- Unterschenkel
12. Haus	- Fische	- Füße

Auch hier findet wie bei den körperlich-analogen Diagnose-Methoden eine sehr schlichter Bezug zwischen den Körperteilen und der Folge der astrologischen Häuser:

Die Körperteile entsprechen von oben nach unten der Häuser-Folge.

Man kann nun z.B. bei Herzproblemen schauen, welcher Planet im 5. Haus steht und welche Aspekte er hat. Daraus ergibt sich dann eine Beschreibung der Herzprobleme sowie der damit zusammenhängenden Verhaltensweisen und der psychischen Probleme.

Man kann natürlich auch in das Horoskop schauen und nach auffälligen Konstellationen schauen wie z.B. „5 Planeten in demselben Haus", „vier Quadrate, die bei zwei Planeten in einem Haus enden" oder „Planet ohne Aspekte zu anderen Planeten".

Die astrologische Methode läßt sich hier natürlich nicht ausführlich beschreiben, da dazu mehrere dicke Bücher notwendig wären.

(Bei Bedarf sieh „Astrologische Menschenkunde" von Thomas Ring oder meine Bücher „Astrologie", „Astrologie für Anfänger" und „Die astrologischen Aspekte".)

I 11. e)   Die Akupunktur-Punkte und Akupunktur-Meridiane

In der Traditionelle Chinesischen Medizin („TCM") wird eine Diagnose mithilfe der Zungendiagnose (Farbe, Feuchtigkeit, Form, Belag usw.), der Pulsdiagnose (Stärke, Frequenz, Rhythmus usw.) und der Druckempfindlichkeit der Akupunkturpunkte gestellt. Diese Diagnose ist dann die Grundlage für die Akupunktur.

Eine spezielle Diagnose-Methode ist die sogenannte „Organuhr", die beschreibt, zu welchen Zeiten welche Organe im Körper besonders aktiv sind. Wenn daher die Beschwerden immer zu derselben Tageszeit auftreten, ist es sehr wahrscheinlich, daß in den Organen, die zu dieser Tageszeit gehören, die eigentliche Ursache der Krankheit liegt.

Bei dieser Diagnose wird der Zustand des Lebenskraftkörpers erfaßt, der dann durch die Akupunktur behandelt wird.

I 11. f)   Orakel

Man kann auch Orakel benutzen, um eine Krankheits-Diagnose zu stellen. Diese Methode wird jedoch eher selten verwendet.

Zunächst einmal sind das Tarot und das I Ging, also die beide wichtigsten heutigen Orakel-Methoden auch nicht sonderlich gut für das Stellen von Krankheits-Diagnosen geeignet. Das Tarot beschreibt Zustände und Entwicklungen, aber hat so gut wie keine Bezüge zu den Körperteilen oder zu Krankheiten. Das I Ging beschreibt vor allem Verwandlungsprozesse und weist nur gelegentlich einmal auf den Körper hin.

Diese beiden Orakel – und auch die allermeisten anderen Orakel – sind für die Diagnose von Lebenssituationen gedacht, also für den psycho-sozialen Bereich. Daher ist es in den meisten Fällen nur begrenzt sinnvoll, diese Orakel für die Diagnose von Krankheiten zu verwenden, auch wenn man durchaus mithilfe von geschickten Fragestellungen mithilfe dieser Orakel Informationen zu Krankheiten erlangen kann.

I 11. g)   Die eigene Reaktion auf den Kranken

Dies ist eine naheliegende, aber nicht sehr gebräuchliche Diagnose-Methode. Die Reaktion, die ein Patient bei dem Therapeuten hervorruft, liegt zwar nicht nur in dem Charakter des Patienten begründet, aber der Charakter und der psychische und physische Zustand des Patienten spielt dabei durchaus eine Rolle.

Es ist allerdings sehr anspruchsvoll, in der eigenen Reaktion auf den Patienten zwischen den Eigenschaften des Patienten und den eigenen Vorlieben oder den astrologischen Aspekten zwischen den Planeten in dem Horoskop des Patienten und den Planeten in dem Horoskop des Therapeuten zu unterscheiden.

Da diese Unterscheidung ausgesprochen schwierig und anspruchsvoll (aber keinesfalls unmöglich) ist, sollte man die nach dieser Methode gewonnene Diagnose nur als Anregungen dafür benutzen, auf welche Dinge man bei dem Patienten verstärkt achten sollte – wobei man diese Dinge dann mithilfe von anderen Methoden überprüfen sollte.

I 11. h)   Traumreisen

Bei einer Traumreise integriert man das Wachbewußtsein und das Traumbewußtsein miteinander. Das macht man unabsichtlich recht häufig: Wenn man morgens aus einem Traum heraus erwacht und noch fünf Sekunden weiterträumt, wobei der Traum noch seine Eigendynamik behält, oder wenn man auf einer Eisenbahnfahrt einen lebhaften Tagtraum hat.

Diese Form des „bewußten Träumens" kann man auch lernen und absichtlich durchführen. Das Interessante daran ist, daß man dadurch nicht nur die eigenen inneren Bilder kennenlernen kann, sondern auch alles mögliche außerhalb der eigenen Psyche. Dies liegt daran, daß die Telepathie das „Auge" des Unterbewußtseins ist und die Telekinese seine „Hand".

Daher kann man solche Traumreisen auch zu den Krankheiten von Patienten unternehmen – oder den Patienten helfen, selber solche Traumreisen zu unternehmen und mit ihrer eigenen Krankheit zu sprechen. Auf diese Weise erfährt man in der Regel einiges über die eigentlich Ursache der betreffenden Krankheit.

I 11. i) Bewußtseinsübertragungen

„Bewußtseinsübertragung" klingt zugegebenermaßen recht abenteuerlich, aber es ist nur eine etwas komplexere Form der Telepathie. Im Prinzip ist das eine Traumreise in den Körper eines anderen Menschen.

Dafür schließt man die Augen und stellt sich vor, in den Körper des anderen hinüberzuwechseln. Dort kann man sich dann die Organe, die Knochen, die Chakren, die Nadis, die Akupunkturpunkte usw. des Patienten anschauen.

Durch die Betrachtung der Chakren und der Menge der Lebenskraft in ihnen erhält man schon einmal einen guten ersten Überblick über den Zustand des Körpers und der Psyche des Patienten.

Man kann dieses Verfahren auch mit der Methode der Familienaufstellung kombinieren und z.B. der Milz eine Frage stellen und sie dann durch den eigenen Mund sprechen lassen. Dabei weiß man nicht, was man als nächstes sagen wird, weil man den eigenen Mund eben vorübergehend der Milz des Patienten als „Sprachrohr" überlassen hat. Die Organe sind allesamt sehr direkt und emotional, sodaß es auch durchaus auch Spaß machen kann, sie durch sich reden zu lassen. (Die Art des Redens der Organe erinnert recht stark an den Otto-Sketch: „Großhirn an Faust: ballen!")

Wenn man mit dem Schauen fertig ist, kehrt man wieder in den eigenen Körper zurück. Diesen Schritt zurück sollte man bewußt tun, um die Klarheit darüber, wo man ist und womit man verbunden ist, zu wahren – und um nicht die Probleme des Patienten mit in den eigenen Körper zu nehmen.

Diese Methode ermöglicht eine direkte Wahrnehmung und daher auch eine direkte Diagnose. Man kann diese Methode natürlich auch für den eigenen Körper anwenden und z.B. einmal innerlich in das eigene linke Knie reisen, wenn dies schmerzt, oder einmal der eigenen Leber seine Stimme überlassen, wenn sie sich komisch anfühlt.

I 11. j) Die Chakren

Die Chakren sind die Organe des Lebenskraftkörpers. Die Nadis, die die Verbindungen zwischen ihnen sind, sind das Adernsystem des Lebenskraftkörpers. Die Lebenskraft, die in den Nadis fließt und die als Kundalini erscheinen kann, ist das „Blut" in diesen „Lebenskraft-Adern".

Die Chakren lassen sich nicht auf physische Weise wahrnehmen, sondern nur tele-pathisch, also direkt vom Bewußtsein aus. Man kann innerlich, also „per Traumreise", sowohl die eigenen Chakren betrachten als auch die eines anderen Menschen.

Im heilen Zustand haben die sieben Hauptchakren in etwa gleich viel Lebenskraft. Es kommt jedoch auch vor, daß es in einem der sechs äußeren Chakren einen Lebens-kraft-Stau gibt. In diesem Fall hat das Gegenchakra zu ihm einen Lebenskraft-Man-gel. Dieser Stau bzw. Mangel an Lebenskraft ruft dann einen bestimmten psychischen Zustand und die dazugehörigen Verhaltensweisen und evtl. auch ihnen entsprechende Krankheiten hervor.

Stau im Wurzelchakra	+ Mangel im Scheitelchakra	=> Süchtiger
Stau im Scheitelchakra	+ Mangel im Wurzelchakra	=> Asket
Stau im Hara	+ Mangel im Dritten Auge	=> Täter
Stau im Dritten Auge	+ Mangel im Hara	=> Opfer
Stau im Sonnengeflecht	+ Mangel im Halschakra	=> Star
Stau im Halschakra	+ Mangel im Sonnengeflecht	=> Fan

Das Herzchakra im Zentrum hat keinen Gegenpol, weshalb dieses Chakra, in dem die eigene Identität ruht, lediglich verschieden stark bewußt sein kann.

(Bei Bedarf siehe mein Buch „Das Chakrensystem mit den Nebenchakren".)

I 11. k) Krafttier, Kraftpflanze und Kraftstein

Wenn sich eine Seele inkarniert, prägt sie mit ihrem Charakter und ihrer Absicht für das vor ihr liegende Leben den Lebenskraftkörper des gerade entstehenden Men-schen.

Da die Lebenskraft die Eigenheit hat, daß sie Gleiches zueinander zieht und mitein-ander verbindet, ruft sie aus dem Tierreich, dem Pflanzenreich und dem Mineralreich jeweils das Wesen herbei, daß der Seele und ihrer Absicht am ähnlichsten ist. Dabei stellt das Tier die Dynamik der Seele dar: das Krafttier dieses Menschen. Die Pflanze stellt die Haltung der Seele dar: die Kraftpflanze des Menschen. Und der Stein stellt die Struktur dieses Menschen dar: der Kraftstein.

Diese drei „Verbündeten" lagern sich einfach deshalb an den betreffenden Men-schen an, weil er ihnen von seiner Dynamik, seiner Haltung und seiner Struktur her sehr ähnlich ist.

Auch in der Homöopathie schaut man als erstes, ob ein Patient ein tierisches Mittel braucht (er ist sehr emotional und bewegt sich viel) oder ein pflanzliches Mittel (er betont seine Haltung oder wiederholt eine bestimmte Geste) oder ein mineralisches Mittel (er beharrt immer wieder auf derselben Sache).

Die Kenntnis des Krafttieres, der Kraftpflanze und des Kraftsteins sagt daher sehr viel über den Charakter eines Menschen und seine Neigungen aus.

Im Alten Ägypten ist man sogar so weit gegangen, daß man dann, wenn man den Traum eines Menschen deuten wollte, zuerst einmal nach der „Gottheit im eigenen Herzen" dieses Menschen frug, weil z.B. ein Kampf für die Hebammen-Göttin Thoeris etwas völlig anderes bedeutet als für den Falken-Gott Horus.

Die Kenntnis dieser drei Verbündeten eines Menschen ist nur im weiteren Sinne eine Diagnose – sie ist eher ein Verstehen des grundlegenden Charakters dieses Menschen. Da man jedoch jede Krankheit vor dem Hintergrund des allgemeinen Charakters eines Menschen sehen muß und sie nur vor diesem Hintergrund verstehen und richtig einschätzen kann, ist die Kenntnis dieser drei Verbündeten sehr hilfreich.

(Siehe dazu bei Bedarf mein Buch „Krafttiere – Tiergöttinnen – Tiertänze".)

I 11. l) Seele

Dasselbe wie für die drei Verbündeten eines Menschen gilt natürlich auch für die Seele selber. Man kann sie auch direkt zu den Krankheiten fragen, die man selber oder ein anderer hat.

(Siehe dazu bei Bedarf mein Buch „Selbsterkenntnis für Anfänger".)

I 11. m) Schutzgottheit

Noch einen Schritt weiter geht die Kenntnis der Gottheit, die sozusagen das „Meer" ist, von der die Seele des Patienten ein „Tropfen" ist.

Wenn diese Gottheit z.B. die germanische Erdgöttin Jörd sein sollte, wären große Umbrüche als „Erdbeben" zu deuten, die wahrscheinlich Chaos verursachen. Sollte diese Gottheit hingegen der ägyptische Korngott Osiris sein, wären große Umbrüche ein Teil seines Wesens, da er als Korngott in jedem Herbst bei der Ernte stirbt und in jedem Frühjahr beim Keimen der Saat wiedergeboren wird.

Vermutlich wird es aber nur wenige Krankheits-Diagnosen geben, bei denen man einen derart weiten Rahmen betrachtet, um das Auftreten der betreffenden Krankheit zu verstehen.

Hilfreich ist es trotzdem …

I 12. Übersicht

Jede der 23 im vorigen Kapitel angeführten und kurz besprochenen Diagnose-Methoden hat ihren speziellen Blickwinkel und beschreibt die Krankheit, um die es geht, auch aus diesem Blickwinkel.

Diese Diagnose-Methoden und das, was sie beschreiben, sind hier noch einmal als Folge vom Körper bis hin zur Schutzgottheit aufgelistet:

- medizinisch: Zustand des Körpers
- Körperhaltung: Grundhaltung im Leben
- Massage: Zustand der Muskulatur/Haltung
- analog-körperlich: Grundgeste des Zustandes
- psychologisch-analog: Zusammenhang zwischen Körper und Psyche
- psychologisch: Zustand der Psyche und teilweise des Körpers
- psychosozial: Zusammenhang zwischen Psyche und Umfeld
- sozial: Zustand des Umfeldes
- Beziehungs-Mandala: Beziehungs-Dynamik
- eigene Reaktion: Wirkung des Patienten
- Schutz des eigenen Raumes: Untersuchung des Täter/Opfer-Themas
- Träume: Zustand des Unterbewußtseins
- homöopathisch: Zustand der Lebenssituation
- astrologische Häuser: betonte Körperbereiche
- astrologisch: eigener Stil
- Orakel: Lebenssituation
- Traumreisen: Zustand der Psyche und der Lebenskraft
- TCM-Diagnose: Verteilung der Lebenskraft im Körper
- Bewußtseinsübertragung: direkte Wahrnehmung von Körper und Lebenskraft
- Chakren: Art der Abweichung von der eigenen Mitte
- Verbündete: Stil
- Seele: Charakter, Stil
- Schutzgottheit: zentrales Lebensthema

Wenn man eine Krankheit behandeln will, sollte man zunächst einmal eine medizinische Untersuchung durchführen lassen.

Die psychologisch-analoge Methode macht in einem zweiten Schritt deutlich, wie man diese Krankheit in das Leben des Betreffenden einordnen kann.

Die astrologische Methode hilft ebenfalls, die Krankheit einzuordnen und zu erkennen, welche Qualität, Fähigkeit und Neigung des Patienten bei seiner Krankheit in eine verzerrte Form geraten ist.

Diese drei Methoden schaffen eine gute Grundlage für eine erste Orientierung, die man entsprechend dieser ersten groben Diagnose dann mithilfe der anderen Methoden verfeinern kann. Dabei kann man entsprechend dieser ersten Orientierung die Diagnose-Methoden als nächstes auswählen, die sich auf den Bereich beziehen, in dem vermutlich die eigentliche Ursache der Krankheit liegt. Wenn z.B. die Erst-Diagnose auf Beziehungs-Probleme schließen läßt, wären das Beziehungs-Mandala und die psychosoziale Methode naheliegend.

Andere Methoden wie die Bewußtseinsübertragung sind sehr unspezifisch und schaffen entweder auch eine erste Orientierung oder verhelfen zu detaillierten Informationen, wenn man z.B. weiß, daß das Problem in der Bauchspeicheldrüse sitzt und man daher einmal die Bauchspeicheldrüse durch sich selber reden läßt.

Es gibt eigentlich keine Reihenfolge, die man bei diesen Diagnose-Methoden immer einhalten sollte – das ist von Fall zu Fall verschieden. Zudem kann man auch immer nur die Methoden anwenden, die man auch selber ausführen kann oder für die man einen Spezialisten kennt, der diese Methoden beherrscht und zu dem man den Kranken überweisen kann.

II   Therapie

Auf die Diagnose folgt die Therapie – wenn man die Krankheit erkannt und ihr Wesen verstanden hat, kann man mit der Heilung beginnen. Wie bei der Diagnose gibt es auch bei der Therapie eine fast endlose Zahl an verschiedenen Heilungsansätzen. Da sich die verschiedenen Heilungsansätze zur Lösung der verschiedenen möglichen Probleme verschieden gut eigenen, kann man hier jeweils nach der sinnvollsten Auswahl an Therapie-Methoden suchen.

II 1.   Die medizinische Therapie

Es gibt viele Fälle, wo eine normale medizinische Behandlung naheliegend ist – angefangen vom Hustenmittel über das Schienen eines Beinbruchs bis hin zur operativen Entfernung einer Nierenzyste.

Die Heilkräuter zählen in diesem Zusammenhang zu den normalen Medikamenten.

Die medizinische Behandlung ist ganz auf den Körper ausgerichtet: Eine Störung wird beseitigt. Das kann in vielen Fällen das Leben des Betreffenden retten.

II 2.   Die Ernährung

Die Umstellung der Ernährung liegt noch recht nah an der normalen Medizin. Eine ausgewogene oder zumindestens vielfältige Ernährung sorgt dafür, daß es dem Körper an keinen wichtigen Stoffen mangelt und daß er auch nicht von manchen Stoffen zuviel erhält.

Allerdings gibt es Dutzende von verschiedenen Ernährungslehren, deren Vertreter allesamt davon überzeugt sind, daß sie die richtige Methode gefunden haben. Daher bleibt einem bei dem Thema „Ernährung" letztlich nichts anderes als die Methode „Versuch und Irrtum" übrig.

Ein Leitfaden ist allerdings das aufmerksame Lauschen auf die eigentlichen Bedürfnisse: Will ich jetzt wirklich dieses Stück Sahnetorte essen? Oder steht die Sahneschnitte symbolisch für etwas ganz anderes?

Es hilft, vor dem Essen kurz innezuhalten und zu schauen, was man eigentlich will – aber sich dann nicht vom Essen abzuhalten. Die Erkenntnis an sich ist wichtig – die Disziplin und das Essens-Verbot sind hingegen hinderlich. Wenn man sich oft genug fragt, ob man gerade wirklich Hunger hat, und sich auch fragt, was man am liebsten essen würde, wird das Gespür für das, was der eigene Körper eigentlich braucht, immer besser, was nach und nach – ohne jede Mühe – dazu führt, daß man auch nur das ißt, was man wirklich braucht.

II 3.   Die homöopathische Therapie

Der homöopathische Ansatz besteht darin, daß der Körper genau die Information erhält, die er für seine Selbstheilung benötigt. Diese Information befindet sich in dem Kügelchen („Globuli") oder Tröpfchen, die der Patient einnimmt.

Die Homöopathen prüfen durch Selbstversuche, welche Kügelchen welche Wirkung haben und schaffen so Beschreibungen der Wirkungen der einzelnen Sorten von Kügelchen.

Der Homöopath sucht dann das Kügelchen heraus, dessen Wirkung den Symptomen des Patienten am besten entspricht. Wenn er das passende Kügelchen gefunden hat, lösen sich die Symptome des Patienten auf.

Dieses Verfahren wird „Gleiches heilt Gleiches" genannt. Es entspricht dem Analogie-Prinzip „wie oben, so unten" und dem Magie-Prinzip „Gleiches wirkt auf Gleiches". Es gibt eine recht große Anzahl solcher „Gleichheits-Wirkungs"- Formulierungen.

Die Homöopathie heilt den Patienten also dadurch, daß sie ihm die Information gibt, die er braucht, um sich selber heilen zu können. Diese Information befindet sich in der Lebenskraft des Kügelchens – nicht in der physischen Substanz des Kügelchens.

Die ursprüngliche Substanz – z.B. Fliegenpilz – ist so oft mit Milchzucker vermischt und dadurch verdünnt worden, sodaß sich schließlich keine Fliegenpilz-Substanz mehr in den Kügelchen befindet. Der Lebenskraftkörper des Fliegenpilzes befindet sich hingegen noch immer in diesen Kügelchen. Das hat den Vorteil, daß die physische Substanz des Fliegenpilzes keinen Schaden anrichten kann und daß – wie die Erfahrung zeigt – die Wirkung der Kügelchen auf den Lebenskraftkörper des Menschen deutlich größer ist als es die Wirkung der Ausgangssubstanz (hier der Fliegenpilz) wäre.

Anscheinend kann der Lebenskraftkörper die Botschaft des Fliegenpilzes besser „lesen", wenn sie der Lebenskraft des Kügelchens eingeschrieben worden ist als wenn der Lebenskraftkörper lediglich die Lebenskraft von einem Bröckchen Fliegenpilz erhält, das der Patient gegessen hat.

Die homöopathischen Mittel sind also „Lehrer des Lebenskraftkörpers". Genau genommen sind sie natürlich eher „Boten des Fliegenpilzes" bzw. der Substanzen, aus denen die Kügelchen hergestellt worden sind.

Homöopathie macht den Lebenskraftkörper des Patienten ein bißchen weiser …

II 4. Die analoge Therapie

Die meisten analogen Methoden sind nur Diagnose-Methoden – die einzige Ausnahme ist die Fußreflexzonen-Massage. Durch sie werden „per Analogie" die den Fußreflexzonen entsprechenden Körperbereiche entspannt oder angeregt.

Möglicherweise kann man auch noch die Akupunktur im Ohr zu den analogen Methoden zählen, da das Ohr ein Abbild des gesamten Körpers enthält.

Sowohl die Fußreflexzonen-Massage als auch die Ohr-Akupunktur wirken nicht direkt auf den Körper, sondern lenken die Lebenskraft im Körper.

II 5. Die psychologische Therapie

Dieser Heilungsansatz ist mittlerweile so vielfältig, daß hier nur einige wichtige Ansätze dargestellt werden können.

II 5. a) Das Thema heilen

Der allgemeinste Ansatz besteht darin, daß man die Probleme in den eigenen Erinnerungen, Gefühlen und Vorstellungen und auch in dem eigenen Willen und Verhalten erkennt, die Ursachen dieser Probleme erkennt und diese Ursachen dann auflöst.

Dabei gibt es zwei unterschiedliche Ansätze. Der am weitesten verbreitete Ansatz geht detektivisch vor und untersucht die gesamte Gegenwart und Vergangenheit eines Menschen und „räumt dort auf". Der andere, seltenere Ansatz strebt nach der Wiederherstellung der Entscheidungsfähigkeit und Handlungsfähigkeit eines Menschen und kümmert sich nur um die Dinge, die dabei sichtbar werden.

Eine weitere Unterscheidung ist die Heilung eines Traumas und die Heilung einer Verhaltens-Gewohnheit. Das Heilen einer Gewohnheit ist ein allmähliches Erkennen, Einsehen, Ausprobieren und Verändern – das Heilen eines Traumas ist ein allmähliches Annähern und dann eine Befreiung voller dramatischer Gefühle. Dieser Unterschied liegt darin begründet, daß bei einem Trauma ein heftiges Erlebnis in der

Psyche isoliert und eingekapselt worden ist, um die Psyche funktionsfähig zu erhalten. Diese emotional aufgeladene Erinnerung ist sozusagen in den Keller der Psyche gesperrt worden, wo sie jedoch weiterhin im Untergrund rumort und den Betreffenden manchmal zu einem absurden Verhalten zwingt.

Generell kann man sagen, daß es nur wenige (gar keine?) Krankheiten oder Verletzungen gibt, die nicht auch einen psychischen Anteil oder sogar eine psychische Ursache haben. Daher ist es bei jeder größeren Erkrankung ratsam, sich anzuschauen, was die psychische Entsprechung zu der der Krankheit ist, und dann auch diese psychische Entsprechung zu heilen, um auch die „Wurzel der Krankheit" aufzulösen.

II 5. b) Die Grundtypen

Es gibt neun Grundtypen von psychischen Störungen. Sechs davon entsprechen den Typen, die bereits bei der Chakren-Diagnose beschrieben worden sind: Süchtiger und Asket, Täter und Opfer, sowie Star und Fan. Die drei übrigen Störungs-Formen sind der ständige Wechsel zwischen zwei Polen, also zwischen Süchtiger und Asket, zwischen Täter und Opfer, sowie zwischen Star und Fan.

Der psychologischen Statistik zufolge sind ca. 65% von keiner dieser Störungen in nennenswertem Maße betroffen. Die übrigen 35% teilen sich zu ca.13% auf die drei lauten Störungen (Süchtiger, Täter, Star) auf, zu 13% auf die drei leisen Störungen (Asket, Opfer, Fan) und zu ca. 9% auf die Störungen, bei denen ständig zwischen zwei Polen gewechselt wird.

Die Heilung besteht darin, den Betreffenden ihr Verhalten erkennbar zu machen, ihnen die Folgen ihres Verhaltens deutlich zu machen und dann zusammen mit ihnen nach neuen Verhaltensmöglichkeiten zu suchen. Das ist naturgemäß kein einfaches Vorhaben, weil die Betreffenden zwar sehen, daß ihr Verhalten auch Nachteile hat, aber ihr Verhalten zugleich als überlebensnotwendig einstufen.

Auffällig ist, daß sich nur die drei leisen Typen (Asket, Opfer, Fan) psychologische Hilfe suchen – der laute Typ hält in der Regel jegliche Hilfe von außen für einen Angriff. Somit können von den 35% der Fälle einer psychischen Störung nur 13% psychologisch beraten und evtl. geheilt werden – von den Personen mit der wechselhaften Störung kommt noch ein Teil hinzu, der ebenfalls Hilfe sucht, sodaß man sagen kann, daß nur ca. die Hälfte der 35% der Menschen, die eine psychische Störung haben, also ca. 17%, auch Hilfe annehmen können und wollen.

Der erste Schritt der Heilung besteht in der Regel darin, daß der Asket auch den Süchtigen in sich entdeckt und zumindestens kurze Zeit auch lebt, daß das Opfer auch den Täter in sich entdeckt und kurzzeitig lebt, und daß der Fan mit dem Minderwertigkeitskomplex auch einmal den Star mit dem Größenwahn in sich entdeckt und ihn für kurze Zeit lebt.

Der zweite Schritt der Heilung besteht in dem Erleben und in der Erkenntnis, daß diese beiden Pole Extreme sind und nicht die heile Mitte.

Der Weg zu dieser Mitte ist dann der dritte Schritt, der in der Regel nicht mehr allzu schwierig ist, nachdem der Betreffende beide Pole erlebt und gelebt hat. In Jung'scher Terminologie könnte man sagen, daß das Leben und Erleben des Gegenpols dem Betreffenden hilft, seinen eigenen Schatten, sein eigenes Angstbild anzunehmen und dann zu integrieren. Das Sehen, Erleben und Leben dieses Schattens ist die größte Herausforderung auf diesem Heilungsweg.

Die 9% der Menschen, die zwischen zwei Polen hin- und herschwanken, kennen zwar beide Seiten der Polarität, aber haben meistens Schwierigkeiten, die Extreme zu verlassen und zur Mitte zu gelangen.

II 5. c)   Die Verhaltenstherapie

Die Verhaltenstherapie zielt darauf ab, das krankhafte Verhalten eines Menschen – z.B. Panikattacken – durch Übung aufzulösen. Dies ist eine Methode, die sozusagen ganz außen am Menschen ansetzt: an seinen Handlungen.

Diese Methode ist dann am effektivsten, wenn zuvor bereits die Ursachen des krankhaften Verhaltens aufgelöst worden sind. Das Üben des heilen Verhaltens ist ein Element, das in jeder Form der psychologischen Therapie ein wichtiger Punkt ist: Alle Einsichten, Angst-Auflösungen, Trauma-Auflösungen usw. müssen noch durch ein verändertes Verhalten geerdet, verankert und im Alltag abgesichert werden, damit sie stabil werden können.

Die reine Verhaltenstherapie hat den Nachteil, daß die inneren Spannungen, die zu dem krankhaften Verhalten geführt haben, weiterhin bestehen bleiben und lediglich in der Psyche durch ein antrainiertes neues Verhalten eingesperrt worden sind. Das bedeutet, daß diese Menschen sozusagen auf einem Pulverfaß leben …

II 5. d)   Die Ressourcen-orientierte Therapie

Ein interessanter und hilfreicher Aspekt in der psychologischen Therapie ist das Prinzip des Rückhalts (Ressource). Wenn man sich auf den Weg macht, die dunkleren Bereiche der eigenen Psyche zu erforschen, ist es ausgesprochen förderlich, wenn man einen Rückhalt hat, den man mitnehmen und zu dem man zurückkehren kann.

Diese Ressourcen können die eigenen Eltern, Beziehungspartner, Freunde, der eigene Körper oder Teile des eigenen Körpers oder auch – wenn man einen magisch-spirituellen Hintergrund hat – das eigene Krafttier, die eigene Seele, eine Gottheit u.ä. sein.

II 5. d) Die Psychopharmaka

Schließlich gibt es noch die Psychopharmaka, also die Medikamente, die auf die Psyche wirken. Sie greifen von außen her in die Abläufe der Psyche ein und regulieren bestimmte Abläufe. Der wichtigste derartige pharmazeutische Eingriff ist sicherlich das Beruhigungsmittel, daß die Intensität der psychischen Probleme reduziert.

Diese Mittel haben den Vorteil, daß der Betreffende zunächst einmal weiterleben kann und z.B. nicht Selbstmord begeht. In der medikamentös veränderte Lebensphase kann der Betreffende zu ersten Einsichten gelangen, die ihm dann helfen können, einen neuen Kurs in seinem Leben einzuschlagen. Eine rein medikamentöse Behandlung ändert nichts an der inneren Struktur und Dynamik des Betreffenden – ohne die Medikamente wäre der Patient nach dem Absetzen der Medikamente wieder da, wo er vor der medikamentösen Behandlung gewesen ist. Es ist also notwendig, daß die Einnahme der Medikamente mit einer Behandlung kombiniert wird, die sich um die Auflösung der Ursachen der Probleme kümmert – was heute in der Regel auch so gehandhabt wird.

Die Psychopharmaka haben eine Wirkung auf die Betreffenden, die sich auch deutlich in deren Ausstrahlung zeigt – was wiederum ein deutlicher Hinweis darauf ist, daß diese Medikamente auch auf den Lebenskraftkörper des Betreffenden wirken, da dieser das ist, was die Ausstrahlung eines Menschen ausmacht.

Diese Ausstrahlung von Menschen, die Psychopharmaka nehmen, ist schwer zu beschreiben, obwohl sie sehr markant ist. Sie fühlt sich muffig, modrig, ungelüftet, wie ein altes, flauschiges Frotteehandtuch, das lange Zeit benutzt, aber nicht gewaschen worden ist, an – und im Untergrund ist eine verborgene, aber stillgelegte Unruhe zu spüren.

Interessanterweise ist diese Ausstrahlung deutlich anders als z.B. die Ausstrahlung von Menschen, die Drogen genommen haben – wobei ich keine Erfahrung mit Menschen haben, die die ganz harten Drogen wie Heroin genommen haben. Möglicherweise ähnelt die veränderte Ausstrahlung bei Menschen, die harte Drogen genommen haben, der veränderten Ausstrahlung bei der Einnahme von Psychopharmaka.

Man kann also sogar von außen die Veränderung spüren, die die Psychopharmaka in einem Menschen bewirken.

II 6.   Die psycho-soziale Therapie

Es gibt kaum eine psychologische Behandlung, in der man bei der Suche nach den Ursachen der psychischen und körperlichen Erkrankungen nicht auch nach der Herkunftsfamilie schauen muß – schließlich sind die eigenen Eltern der größte Einfluß auf die eigene Entwicklung.

Dabei zeigt es sich sehr häufig, daß man die Verhaltensweisen der Eltern – meist unbewußt – übernommen hat. Um diese „ererbte Familientradition" erkennen zu können, ist es sinnvoll, sie zunächst einmal in Form eines Stammbaumes aufzuschreiben – so wie dies bei dem Kapitel über die psychosoziale Diagnose kurz dargestellt worden ist.

Die gründlichste Methode für das Erkennen solcher Muster, die man von der eigenen Sippe übernommen hat, sind die Familienaufstellungen, die die Umwandlung einer Methode der südafrikanischen Medizinmänner innerhalb des Ahnenkultes in heutige, westliche Begriffe aus der Psychologie ist.

Diese Methode kann sehr effektiv sein, weil durch sie alte Prägungen und Bindungen aufgelöst oder verwandelt werden können, die ansonsten das eigene Verhalten und das eigene Leben sehr stark beeinträchtigen würden.

Auch diese Methode setzt an der Lebenskraft an, aber sie beschränkt sich nicht auf den Lebenskraftkörper des Patienten, sondern behandelt den „Sippen-Lebenskraftkörper", also die Lebenskraft-Strukturen der Familie, aus der der Patient stammt.

Diese Methode hat einen interessanten Vorteil: Wenn die Eltern eines ihrer Probleme lösen, löst sich dieses Problem auch bei den Kindern dieser Eltern auf – auch wenn die Kinder nichts von dem wissen, was die Eltern geheilt haben. Das erstreckt sich nicht nur auf Krankheiten, sondern auch auf Verhaltensweisen wie Aggression, Ängstlichkeit oder die Neigung zu Ladendiebstählen.

Die Muster werden von den Eltern zu den Kindern weitergegeben und alle Änderungen, die die Eltern vornehmen, werden an die Kinder „per Lebenskraft" weitergereicht. Es lohnt sich also durchaus, auch noch mit 80 Jahren dazuzulernen, da sich dann die eigenen Kinder, Enkel und Urenkel ab diesem Zeitpunkt in ihrem eigenen Leben nicht mit dem Problem, das man selber gelöst hat, herumschlagen müssen.

II 7.   Das Beziehungs-Mandala

Das Beziehungs-Mandala ist eine spezielle psycho-soziale Methode, die – wie der Name schon sagt – die leidvollen Muster innerhalb von Beziehungen auflöst. Die Schritte dieser Heilungsmethode sind:

1. Der Ratsuchende erkennt, was sein Haupt-Lebensthema ist (Mangel statt Fülle; Angst statt Kraft; Selbstzweifel statt Selbstliebe) und zu welcher Polarisierung seine eigene Störung gehört (Süchtiger oder Asket; Täter oder Opfer; Star oder Fan).

2. Der Ratsuchende findet mithilfe des Therapeuten heraus, welche konkreten Personen die übrigen drei Mitspieler in seinem Beziehungsdrama sind, und er erkennt deren Rollen. Die vier grundlegenden Rollen in diesem Drama ergeben sich aus den beiden Geschlechtern und aus den beiden Polarisierungen des Haupt-Lebensthemas.

3. Der Ratsuchende erkennt, daß die anderen drei Personen Rollen in seinem Leben spielen und daß er selber diese Rolle in sich trägt – die anderen übernehmen lediglich die Rollen, die er selber bereitstellt. Auf diese Weise übernimmt der Ratsuchende wieder die Verantwortung für sein eigenes Leben. Die Einsicht, daß z.B. die Person, die dasselbe Geschlecht wie der Ratsuchende, aber die entgegengesetzte Polarisierung hat – also sein „Feind" – nur in dem eigenen Leben ist, weil man selber dieses Feindbild in sich trägt, ist oft der schwierigste Teil dieser Heilungsmethode... doch jeder Asket weiß genau, wie sich Sucht anfühlt; jedes Opfer weiß genau, wie sich ein Täter fühlt; und jeder Star kennt genau die verborgene Verzweiflung in jedem Fan.

4. Die beiden Polarisierungen verschmelzen wieder miteinander, wodurch aus den vier polarisierten Bildern wieder der heile innere Mann und die heile innere Frau werden.

5. Diese beiden heilen inneren Bilder vereinen sich in den meisten Fällen spontan miteinander, wodurch schließlich wieder die eigene Seele sichtbar wird.

(Bei Bedarf findet sich eine ausführliche Beschreibung und Anleitung in meinem Buch „Das Beziehungs-Mandala".)

II 8. Die soziale Therapie

Dieser Ansatz ist wichtig, wenn es im dem Leben des Kranken größere Schwierigkeiten mit dem Geldverdienen, mit Beziehungen, mit der eigenen Familie, mit Isolation, mit Obdachlosigkeit, mit Alkohol, mit Konflikten mit dem Gesetz usw. gibt.
Derartige Probleme können eine allgemeine Heilung auch von körperlichen Krankheiten stark beeinträchtigen, da sie die Aufmerksamkeit, die Gefühle und die Lebens-

kraft des Kranken binden können.

II 9. Die Akupunktur

Die Akupunktur, die Akupressur und das Moxa sind traditionelle chinesische Heilmethoden. Dabei werden bestimmte Punkte des Körpers durch feine Nadeln, durch Druck mit einem Finger oder durch Hitze (Moxa) angeregt. Diese Methode wirkt auf den Lebenskraftkörper und verändert die Art und Weise, wie die Lebenskraft im Körper fließt.

Diese drei Methoden erinnern die Lebenskraft an das heile Bewegungsmuster innerhalb des Körpers. Diese Methoden lösen Blockaden und Stauungen in der Lebenskraft auf.

Die Homöopathie hat denselben Ansatz, allerdings gibt sie dem Lebenskraftkörper eine allgemeine Information und nicht einen punktuellen Reiz, durch den die Lebenskraft wieder in ihr heiles Bewegungsmuster zurückkehren kann.

Die Akupunktur, die Akupressur und das Moxa sind somit Heilmethoden, die sozusagen „Lebenskraft-Krämpfe" auflösen.

II 10. Die astrologische Therapie

Die astrologische Therapie setzt bei der Selbsterkenntnis an. Durch das Deuten des Horoskops des Ratsuchenden können diesem sein eigenen Lebensstil, seine Stärken, seine Neigungen und seine Wünsche deutlicher werden.

Durch diese Erkenntnisse finden Menschen oft zu einer viel tiefer gehenden Selbstbejahung als zuvor, weil sie sehen, daß sie einen bestimmten Lebensstil haben und weil sie diesen Lebensstil, wenn er ihnen so deutlich beschrieben wird, leichter bejahen können.

Der Heilungseffekt wird hier also durch Selbsterkenntnis und Selbstbejahung bewirkt.

Da körperliche Krankheiten oft auf inneren Konflikten beruhen und diese Konflikte durch Selbsterkenntnis aufgelöst werden können, können durch das Deuten eines Geburtshoroskops und das ausführliche Gespräch des Astrologen mit dem Ratsuchenden auch Krankheiten geheilt werden.

II 11. Die magische Therapie: Die Krankheit

Die magischen Ansätze zur Heilung einer Krankheit sind so vielfältig, daß sie in diesem Buch in mehrere Bereiche unterteilt worden sind. In diesem ersten Teil werden die Methoden beschrieben, bei denen der Körper des Kranken im Vordergrund steht.

II 11. a)   Mit der Krankheit auf Traumreisen sprechen

Eine der naheliegendsten magischen Heilungs-Methoden besteht ganz einfach darin, auf einer Traumreise mit der eigenen Krankheit bzw. mit dem eigenen erkrankten Organ oder Körperteil zu sprechen. Dadurch wird das Verständnis für die Entstehung der Krankheit und somit auch für ihre Heilung deutlich vergrößert.

Dadurch, daß man die Ursache der Krankheit von dem Organ oder von der Krankheit selber erklärt bekommt, kann man etwas an diesen Ursachen ändern und dadurch die Krankheit auflösen. Dieser Prozeß kann manchmal eine Weile dauern, weil man ja Gründe hat bzw. gehabt hat, diese Ursache nicht zu sehen bzw. sie nicht zu ändern – und deshalb krank geworden ist.

Diese Traumreisen zeigen einem deutlich, daß man nicht gesund werden wird, wenn man nichts ändert. An diesem Punkt ist es wichtig, daß man wie ein guter Gesprächsleiter nicht versucht, ein bestimmtes Vorgehen gegen Widerstände durchzudrücken, sondern daß man nach Lösungen sucht, denen alle beteiligen inneren Teile des eigenen Körpers und der eigenen Psyche zustimmen können. Das kann anfangs etwas Zeit in Anspruch nehmen, aber mit etwas Übung wird dieses Suchen nach einem gangbaren Weg immer einfacher werden.

II 11. b)   Die Bewußtseinsübertragung

Durch die bereits bei den Diagnose-Methoden beschriebene Bewußtseinsübertragung kann der Therapeut auch direkt in dem Patienten etwas ändern. So kann man z.B. einen Teil der Lebenskraft von einem Chakra zu einem anderen lenken oder in den Strukturen in einem der Chakren „aufräumen".

Man kann dabei schauen, was man innerlich in dem Organ oder dem Chakra sehen kann oder auch mit dem Organ bzw. Chakra sprechen.

So kann man z.B einen Menschen, der kurz vor einer Panikattacke steht, dadurch wieder beruhigen, daß man einen Teil der Lebenskraft durch Imagination vom Dritten Auge in das Hara lenkt, um die Polarisierung in diesen beiden Chakren wieder aufzulösen.

Auch hier ist das Vorgehen wieder recht vielfältig und erfordert ein bißchen Übung sowie Kenntnisse über die Funktionen der Organe und der Chakren – sonst kann man nicht die richtigen, d.h. hilfreichen Dinge imaginieren.

II 11. c)   Die körperzentrierten Methoden

Es gibt einige Heilmethoden, die sich auf den Körper zentrieren, die aber recht wahrscheinlich auch auf die Psyche und auf den Lebenskraftkörper wirken. Sie haben vor allem entspannende Wirkungen und stellen sekundär manchmal auch eine Verbindung zu der Lebenskraft in der Natur her. Zu diesen Methoden gehören Massagen, Wandern, Joggen, Kneipp-Kuren mit Wassertreten u.ä.

II 12. Die magische Therapie: Die Sippe

Eine zweite Gruppe von magischen Methoden ist auf die Sippe des Patienten und auf seinen allgemeinen Umgang mit Menschen ausgerichtet. Dies sind sozusagen die „magisch-psycho-sozialen Methoden".

II 12. a) Die Familienaufstellung

Am bekanntesten in dieser Gruppe ist die Familienaufstellung. An einer solchen Aufstellung nehmen ca. 6-15 Personen teil. Einer von ihnen trägt sein Anliegen vor, z.B. daß er ständig gemobbt wird. Der Leiter schaut, welche Personen aus der Geschichte des Ratsuchenden ihm wichtig zu sein scheinen und fragt, wer von den Teilnehmern welche von diesen Personen darstellen will. Dann stellen sich diese Personen in den dafür vorgesehenen Raum (z.B. einen großen Teppich in der Mitte) und handeln spontan so, wie es ihnen kommt.

Dabei zeigt sich, daß sich die Teilnehmer, die eine Rolle in dem „Drama" des Ratsuchenden übernommen haben, exakt so verhalten wie die Personen, die sie darstellen, obwohl sie nichts von ihnen wissen. So beginnt z.B. ein Teilnehmer zu hinken, weil der Großvater, den er darstellt, ebenfalls gehinkt hat – obwohl das noch überhaupt nicht erwähnt worden ist. Es wird dann ziemlich schnell klar, daß bei einer Familienaufstellung eine „kollektive Telepathie" stattfindet, d.h. daß die Teilnehmer, die eine Rolle übernommen haben, tatsächlich mit den Personen, die sie darstellen, telepathisch verbunden sind.

Der Leiter der Familienaufstellung hat dann die Aufgabe, als „Moderator" die spontanen Handlungen und Aussagen der Teilnehmer, die eine Rolle übernommen haben, so zu leiten, daß sich die Konflikte, wegen denen der Ratsuchende gekommen ist, auflösen.

Es gibt Themen, die nach einer solchen Aufstellung gelöst sind, aber manchmal gibt es auch Themen, die zwar gelöst sind, aber bei denen der Ratsuchende erst einmal neue Verhaltensweisen finden und einüben muß.

II 12. b) Der eigene Raum

Dies ist eine Methode, die für die drei „leisen" Polarisierungen-Typen, d.h. für den Asketen, für das Opfer und für den Fan von Bedeutung sind. Da das die drei Typen sind, die normalerweise jemanden um Rat fragen, ist sie für fast alle Ratsuchenden wertvoll. Die drei „lauten" Polarisierungs-Typen, also Süchtiger, Täter und Star können die Abhängigkeit von anderen nicht ertragen und wollen alles haben, Star sein und im Mittelpunkt stehen – was die Suche um Hilfe bei anderen sehr erschwert.

Das Grundprinzip ist schon bei der Diagnose-Methode „Der Schutz des eigenen Raumes" beschrieben worden.

Wenn der Patient die Grenzen seines Raumes nicht wahrnehmen oder nicht schützen kann, kann man mit ihm verschiedene Übungen machen. So kann er z.B. nach etwas suchen, was ihm Halt gibt und das dann imaginativ hinter sich stellen – z.B. eine Eiche. Oder er kann etwas links und rechts neben sich stellen, was ihm Kraft gibt – z.B. zwei Löwen.

Manchmal findet der Patient auf diese schlichte Weise sein eigenes Krafttier und seine eigene Kraftpflanze. Das sollte man dem Patienten aber nicht schon vorher sagen und auch nicht sofort nach dem Versuch mit diesen Helfern – es kommt zunächst einmal ganz einfach darauf an, daß er Halt findet. Solche Konzepte wie „Krafttier" und „Kraftpflanze" können da manchmal eher störend sein. Es reicht aus, sie ganz neutral als die „Verbündeten" oder als die „Helfer" des Patienten zu bezeichnen.

Man kann den Patienten auch fragen, ob es eine Gottheit gibt, die er um Hilfe bitten möchte. Evtl. kann der Therapeut ihm auch eine Gottheit vorschlagen, wenn er ein deutliches Gefühl für eine passende Gottheit hat. Es ist jedoch vorzuziehen, daß der Patient selber eine Gottheit findet – das fühlt sich für ihn dann echter an.

Dann führt man wieder die Übung des „Stop"-Sagens durch und schaut, wie effektiv der Patient durch seine Helfer geworden ist. Meistens ist der Patient selber über die Wirksamkeit seiner Helfer ziemlich verblüfft.

Man sollte diese Übung solange durchführen, bis der Patient in der Lage ist, den Therapeuten, der langsam auf ihn zugeht, ohne jedes Wort und ohne jede Geste aufzuhalten – einfach dadurch, daß sein Raum so klar definiert und mit Kraft geschützt ist.

Man kann auch mit „Lichtkugeln" auf den Patienten werfen, also mit imginierten Kugeln aus Lebenskraft. Der Patient hat dann die Aufgabe, diese Kugeln abzuwehren. Obwohl dabei natürlich keine leuchtenden Kugeln durch den Raum fliegen, haben der Therapeut und der Patient dabei so gut wie immer denselben Eindruck darüber, ob der Patient die Kugel gut abgewehrt hat oder nicht.

Man kann dieses Verfahren noch ein wenig steigern, indem der Therapeut beim Werfen der Lichtkugel Worte spricht, die der Patient oft zu hören bekommt, und unter denen er leidet – z.B. „Versager", „Schlampe", „Langeweiler" und ähnliches. Dadurch kann der Patient üben, derartige Angriffe nicht mehr in seinen Lebenskraftkörper hinein zu lassen.

II 12. c)   Das Kämpfen

Diese Methode ist eigentlich die Fortführung der vorigen Methode mit anderen Mitteln.

Asketen vermeiden Süchtige, Opfer weichen Tätern aus, Fans machen sich vor Stars klein. Daher ist es für die meisten Patienten eine einfache und sehr wirksame Übung, wenn sie einmal durch eine Fußgängerzone gehen und dabei nicht allen Menschen ausweichen, sondern einfach geradeaus gehen und schauen, was dabei passiert. Meist sind die Patienten sehr überrascht, wie wenig die anderen ausweichen, wie oft man sich gegenseitig anrempelt und wie wenig sich die anderen um dieses Anrempeln kümmern. Das kann ein wesentliches Erlebnis für die Patienten sein.

Man kann mit den Patienten auch einen Stockkampf durchführen, wobei es für den Patienten zunächst einfach wichtig ist, überhaupt einmal die Geste des Zuschlagens auf einen Stock, den ein anderer hält, durchzuführen – also anzugreifen. Als Vorübung kann man den Patienten auch im Wald mit einem Stock gegen einen Baumstamm schlagen lassen o.ä.

Der Therapeut kann auch einen dünnen, morschen Ast halten und den Patienten auffordern, ihn mit einem Karate-Schlag durchzuschlagen. Natürlich sollte man dafür nur sehr dünne, morsche Äste benutzen – es kommt hier auf die Geste und nicht auf die beeindruckende Dicke des Astes an.

Wenn ein Schwert zur Verfügung steht, ist es auch sehr wirkungsvoll, den Patienten einen Ast, den man zwischen zwei Astgabeln o.ä. gelegt hat, durchschlagen zu lassen. Schon das Halten einer so archaischen Waffe wie eines Schwertes kann dem Patienten ein ganz neues Lebensgefühl vermitteln.

Manchmal ist es auch eine gute Idee (wenn der Therapeut dies kann), daß der Therapeut sich auf die Erde legt und den Patienten auffordert, sich auf den Bauch des Therapeuten zu stellen. Das bringt die Grundhaltung des Asketen/Opfers/Fans, niemals jemand anderen zu belästigen oder zu stören, völlig aus der Fassung …

Schließlich kann der Therapeut (wenn ihm dies nicht schadet), den Patienten auffordern, gegen seine Brust zu boxen. Evtl. hält der Therapeut dabei ein Kissen vor seine Brust. Diese Übungen ist mit einer konkreten Person, gegen die der Patient boxt, deutlich effektiver als wenn er nur gegen einen Punching-Ball boxen würde.

Diese beiden letzten Übungen sollte der Therapeut natürlich nur dann durchführen, wenn er einen so stabilen Körper hat, daß ihm diese Übungen nichts ausmachen.

Diese Übungen sind hier deshalb so ausführlich dargestellt worden, weil die Opferhaltung bei fast allen Patienten, die von sich aus um Rat suchen, ein wichtiges Grundproblem und auch die Grundlage ihrer Krankheiten ist. Diese Übungen sehen nicht sonderlich „magisch" aus, aber sie wirken sehr stark auf den Lebenskraftkörper des Patienten, sowie stärkend auf seine drei unteren Chakren, in denen beim Asketen, beim Opfer und beim Fan ein Lebenskraft-Mangel besteht.

Man kann den Betreffenden natürlich auch raten, einem Karate-Verein beizutreten, aber zum einen ist das wesentlich unpersönlicher und daher weniger wirksam und zum anderen werden sie diesen Rat mit großer Sicherheit nicht umsetzen.

II 13. Die magische Therapie: Ritual

Ein dritter Bereich der magischen Heilungsmethoden sind die Heilungs-Rituale. Hier gibt es wieder sehr viele verschiedene Rituale aus den verschiedensten Kulturen, die hier nicht alle aufgeführt werden können. Stattdessen werden nur die von ihnen beschrieben, die in der westlichen Kultur am bekanntesten und daher auch am leichtesten zugänglich sind.

II 13. a) Das Kleine Pentagramm-Ritual

Das Kleine Pentagramm-Ritual ist primär dafür gedacht, einen Schutz herzustellen. Da es jedoch auf dem Mandala der vier Elemente Feuer, Wasser, Luft und Erde (die vier Pentagramme) beruht und zudem die Quintessenz (das Hexagramm) in die Mitte des Mandalas ruft, kann dieses Ritual auch die Grundalge dafür sein, die vier Elemente und ihre Qualitäten in ein Gleichgewicht zu bringen und sie von der Mitte her zu lenken.

Um diese Wirkung zu erreichen, ist es jedoch notwendig, auch Meditationen über die vier Elemente und die Quintessenz durchzuführen, Traumreisen zu ihnen zu unternehmen u.ä.

Dies ist natürlich ein sehr allgemeiner und unspezifischer Heilungsansatz, aber als vorbeugende und begleitende Maßnahme kann dieses Ritual durchaus hilfreich sein. Es ist zudem auch für die typischen Ratsuchenden, die – wie bereits gesagt – in aller Regel zu dem leisen Typus des Asketen, des Opfers und des Fans gehören, ausgesprochen förderlich, weil das Pentagramm-Ritual auch eine kriegerische Seite hat und schützt.

(Bei Bedarf siehe mein Buch „Wie man das Pentagramm-Ritual zum Leben erweckt".)

II 13. b) Die Silberschnüre

Die Silberschnüre sind Verbindungen aus Lebenskraft zwischen zwei Personen. Sie sind zunächst neutral bzw. nützlich wie z.B. die Silberschnur zwischen Mutter und Kind, durch die sie spüren kann, wenn ihr Kind beim Spielen in Gefahr gerät. Diese Silberschnüre sind zugleich „telepathische Telefonleitungen" und „Lebenskraft-Kanäle".

Es gibt jedoch auch Situationen, in denen eine solche Silberschnur zu Abhängigkeiten und zu Lebenskraft-Verlust führt oder gar für einen bewußten Lebenskraft-Vampirismus mißbraucht wird.

In diesen Fällen kann es hilfreich sein, eine solche Lebenskraft-Verbindung zu durchtrennen. Das Verfahren dabei ist recht einfach:

- Es wird durch ein Gespräch, per Traumreise o.ä. geklärt, zu wem eine solche Silberschnur führt und welche Wirkung sie auf den Ratsuchenden hat.

- Es wird geschaut, wo die Silberschnur an dem Patienten ansetzt. In der Regel wird dies das Sonnengeflecht sein – andere Körperstellen sind recht selten.

- Der Helfer und der Patient imaginieren die Silberschnur möglichst deutlich. Der Helfer ergreift die Silberschnur eine Handbreit von dem Sonnengeflecht des Patienten entfernt. Einer von beiden durchtrennt diese Silberschnur direkt vor dem Sonnengeflecht des Patienten durch eine Geste mit einem Messer, Schwert o.ä.

- Der Patient legt seine Hand auf sein Sonnengeflecht. Der Helfer bringt das abgeschnittene Ende der Silberschnur in die Erde zu Mutter Erde und übergibt ihr die Silberschnur – dies fühlt sich in etwa wie eine Traumreise an. Dieser Teil des Rituals ist notwendig, da sich das Ende der Silberschnur sonst nach eine Weile wieder an den Patienten oder eine andere Person ankoppeln würde.

- Auf die Körperstelle, an der die Silberschnur abgeschnitten worden ist, wird etwas Drachenblut, d.h. das pulverisierte Harz des Drachenbaumes, gerieben, um die Stelle zu versiegeln. Man kann – wenn einem das sympathischer ist – diese Stelle auch mit einem Kreuz, das mit Weihwasser gezogen wird, schützen.

Diese Methode hat in der Regel eine sehr schnelle Wirkung, aber es kann auch vorkommen, daß man selber erst einmal eine etwas eigenständigere Lebenshaltung üben muß.

II 13. c)   Die Tafelrunde der Planeten

Wenn man etwas Übung mit Traumreisen, dem Lauschen in den eigenen Körper, Gesprächen mit den Organen oder Chakren u.ä. hat, gibt es auch die Möglichkeit, eine innere „Vollversammlung" einzuberufen.

Dazu kann man sich z.B. einen Kreisring-förmigen Tisch (eine „Tafelrunde") vorstellen, an dem die 10 Planeten so sitzen, wie sie in dem eigenen Horoskop stehen. Dann stellt man sich selber in die Mitte und nimmt die Rolle des Gesprächsführers, des Moderators und des Regisseurs ein. Man kann dann die Planeten fragen, wer etwas sagen will, wer einen Wunsch oder eine Klage hat usw.

Anfangs werden diese Gesprächsrunden noch etwas holperig sein, aber nach und nach werden sie flüssiger und effektiver werden und deutlich zu einer integrierten Psyche beitragen – und somit die Ursachen für Krankheiten, die auf inneren Widersprüchen beruhen, auflösen.

Solche „Vollversammlungen" kann man auch für die 7 Chakren oder für die gesamten Organe und Körperteile durchführen. Bei den Chakren bietet sich ein langer, gerader Tisch als Bild an, an dem die sieben Chakren in derselben Reihenfolge sitzen wie im Körper. Für die Organe und Körperteile ist die Imagination einer Versammlung in einem Raum, der die Form eines menschlichen Körpers hat, gut geeignet.

Man kann diese Methode innerlich durchführen, aber auch äußerlich als Familienaufstellung, bei der z.B. entweder 10 Personen die 10 Planeten darstellen oder bei der man sich selber an die Position des jeweils gerade sprechenden Planeten stellt.

II 13. d)   Die Heilungsrituale

Es gibt die verschiedensten Heilungs-Rituale. Bei den meisten von ihnen wird „geprägte Lebenskraft" gerufen, die die Qualität hat, die gerade gebraucht wird. Das kann eines der 4 Elemente, einer der 10 Planeten, eines der 12 Tierkreiszeichen, eines der 64 Hexagramme des I Ging usw. sein.

Dieses Verfahren ähnelt der homöopathischen Behandlung, da durch sie zusammen mit der Lebenskraft auch eine Information in den Körper gerufen wird – z.B. „Mond", „Wasser", das Wasser-Tierkreiszeichen „Fische" oder das Hexagramm „Kan" („Wasser") aus dem I Ging.

Es gibt auch unspezifischere Heilungsrituale, bei denen z.B. eine Gruppe von Menschen rings um den Patienten sitzt und gemeinsam ein passendes Lied singt und intensiv die Heilung des Patienten imaginiert. Solche „Chants" können eine sehr große Intensität erlangen – die Aborigines in Australien heilen auf diese Weise sogar Beinbrüche.

II 13. e)   Die Schwitzhütte

Bei einer Schwitzhütte wird zunächst einmal die Geborgenheit und das Urvertrauen wiederhergestellt.

Zudem werden die Kontakte zu der Schlange der Lebenskraft im Westen, dem Bären der Eigenständigkeit im Norden, dem Adler des Überblicks im Osten, der Büffelfrau der Gemeinschaft im Süden, der Erdmutter des Vertrauens unten, dem Himmelsvater der Verantwortung oben und dem Lebensgeheimnis in der Mitte erneuert.

Man kann Schwitzhütten-Rituale jedoch für bestimmte Zwecke wie z.B. die Heilung der Krankheit eines der Teilnehmer durchführen. Dabei würde der Schwitzhütten-Leiter schauen, was der Charakter der Krankheit ist, welches Wesen er dabei um Heilung bittet usw. Das muß dann jedesmal individuell durchgeführt werden.

II 13. f)   Der Feuerlauf

Bei einem Feuerlauf geht man barfuß über glühende Kohlen, bleibt in der Mitte des Glutteppichs stehen, wirft die Glut mit den Hände empor, legt sich nackt in die Glut, ißt einige Glutstückchen auf usw. – der Kreativität sind hier kaum Grenzen gesetzt.

Der eigentlich Wert eines Feuerlaufs besteht jedoch darin, daß man etwas tut, wovon man überzeugt gewesen ist, daß das völlig unmöglich ist. Nach einem Feuerlauf gibt es das Programm „ich kann das nicht" nicht mehr – dafür ist diese Vorstellung durch den Feuerlauf zu gründlich widerlegt worden.

Man kann also einen Feuerlauf dafür benutzen, die Überzeugung, daß man die eigene Krankheit nicht heilen kann, aufzulösen.

Man kann auch den Namen der Krankheit auf einen Zettel schreiben, ihn in das Feuer werfen und anschließend mit der Einstellung „so wie ich den Zettel verbrannt habe, so verbrennt nun meine Krankheit" über die Glut gehen.

Der Feuerlauf öffnet die Psyche und den Lebenskraftkörper für die Möglichkeit einer Heilung.

II 13. g)   Die Einweihungen

Es gibt zwar viele verschiedene Formen der Einweihung, aber die allermeisten von ihnen haben die Herstellung des Kontakts zu der eigenen Seele zum Ziel.

Wenn man eine Einweihung als Hilfsmittel für die eigene Heilung benutzen will, muß man natürlich schauen, daß man eine Person oder eine Gruppe findet, die die den zu der Heilung passenden Stil und zugleich auch noch ausreichende Fähigkeiten hat.

Es ist allerdings wahrscheinlicher, einen passenden und fähigen Heiler zu finden, als eine passende Einweihung …

Gute, d.h. tatsächlich wirksame Einweihungen können jedoch eine gute Krankheits-Vorsorge sein, da solche Einweihungen – ganz unspezifisch gesagt – zu einem größeren inneren Frieden führen und dadurch die Gefahr einer Erkrankung deutlich verringern.

II 14. Die magische Therapie: Die Meditation

Die vierte Gruppe von magischen Heilungsmethoden besteht aus Verfahren, die von dem Patienten selber innerlich durchgeführt werden. Man kann sie grob unter dem Namen „Meditationen" zusammenfassen.

II 14. a)   Krafttier, Kraftpflanze, Kraftstein

Da diese drei „Verbündeten" eines Menschen sich bei seiner Zeugung oder kurz danach zu ihm gesellt haben, weil sie von ihrer Qualität her dem Charakter und der Absicht der sich inkarnierenden Seele entsprechen, begleiten sei den betreffenden Menschen ein Leben lang und können ihn an das erinnern, was er, d.h. was seine Seele wirklich ist.

Das kann natürlich bei der Heilung einer Krankheit eine große Hilfe dabei sein – sowohl die Erkenntnis des eigenen Wesens als auch die Hilfe dieser drei Verbündeten – in dem eigenen Leben wieder zu diesem eigenen Wesen, also zu sich selber zurückzukehren und dadurch wieder gesund zu werden.

Das Krafttier macht die ursprüngliche Dynamik des Kranken deutlich, die Kraftpflanze seine ursprüngliche Haltung und der Kraftstein seine ursprünglichen Strukturen.

Diese drei spielen auch bei dem Finden des homöopathischen Konstitutionsmittels, also des Mittels, das den allgemeinen Zustand des Kranken beschreibt, eine Rolle. Der Homöopath schaut zunächst, ob Gefühle, Gesten oder das Beharren auf bestimmten Zusammenhängen das prägende Element in dem Verhalten des Kranken sind.

Wenn Gefühle, also die Dynamik, das prägende Element sind, braucht der Kranke ein Mittel aus dem Tierreich, wenn Gesten das Prägende sind, braucht er ein Mittel aus dem Pflanzenreich, und wenn das Beharren auf bestimmten Dingen das Prägende sind, braucht er ein Mittel aus dem Pflanzenreich.

Die Wahrscheinlichkeit ist groß, daß der Homöopath bei der Suche nach dem passenden Mittel auch auf das Krafttier, die Kraftpflanze und den Kraftstein des Betreffenden stößt.

Es gibt sehr wahrscheinlich auch noch einen Kraftpilz – Pilze sind eine eigene Gruppe von Lebewesen neben Tieren und Pflanzen – aber diese Gruppe ist weder in der Magie noch in der Homöopathie gründlich erforscht worden. Deshalb läßt sich über den Kraftpilz eines Menschen bisher noch kaum etwas sagen.

Auch außerhalb der Homöopathie spielen die drei Gruppen von Wesen, also Tiere, Pflanzen und Mineralien, bei der Heilung eine Rolle:

- Die Steinheilkunde beschreibt weitestgehend denselben Charakter der Mineralien wie die Homöopathie – die Anwendung ist jedoch anders.

- Die Bachblüten beziehen sich auf einige Pflanzen – die Anwendung gleicht weitgehend der der Homöopathie.

- Das Anrufen von Tiergeistern und Tiergottheiten gehört weitgehend in den Bereich der Magie – hier ist noch unerforscht, wie sehr der Charakter der Tiergeister den Wirkungen der homöopathischen Mittel aus dem Tierreich gleichen.

- Schließlich gibt es noch den weitgehend unerforschten Bereich der Naturgeister, womit hier Berggeister, Quellnymphen, Meeresgottheiten u.ä. gemeint sind.

II 14. b) Die Meditation

Die Meditation ist eine sehr vielfältige Angelegenheit – man sitzt schließlich nicht einfach tatenlos da, sondern ist dabei ganz im Gegenteil innerlich sehr aktiv. Im Folgenden wird nur eine kleine Auswahl der wichtigsten Meditations-Formen dargestellt.
Man kann vier Gruppen von Meditationen unterscheiden, in denen verschiedene Formen des Bewußtseins miteinander koordiniert und vereint werden, wodurch verschiedene neue, komplexe Bewußtseinszustände entstehen. Diese vier Gruppen, d.h. diese vier Bewußtseins-Kombinationen sind:

- Wachbewußtsein und Traumbewußtsein,
- Wachbewußtsein und Tiefschlafbewußtsein,
- Wachbewußtsein und Ekstase-Bewußtsein,
- alle vier Formen des Bewußtseins.

Innerhalb dieser Gruppen gibt es wiederum verschiedene Techniken, die auch verschiedene Wirkungen haben.

- Durch die Kombination und Koordination des **Wachbewußtseins mit dem Traumbewußtsein** ergibt sich ein Bewußtseinszustand, in dem die innere Bilderwelt (Unterbewußtsein, Traumbewußtsein) wahrgenommen und gestaltet wird.

- Das freie, aufmerksame Atmen beschränkt sich zunächst darauf, „anzukommen" und dabei zu spüren, was es in einem selber an Bildern, Gedanken, Gefühlen, Impulsen usw. gibt. Diese schaut man an und läßt sie da sein, aber man geht nicht in sie hinein, sondern bleibt beim aufmerksamen Beobachten.

Diese Methode hilft, zur Ruhe zur kommen und im Hier und Jetzt präsent zu werden. Das kann evtl. eine sinnvolle Vorübung vor einer Heilung sein.

- Bei der Elemente-Atmung imaginiert man, daß man beim Einatmen z.B. Feuer einatmet und dieses Feuer dann beim Ausatmen im gesamten Körper verteilt, um ihn zu erwärmen.

Mit dieser Methode kann man die Qualitäten in einzelne Chakren, Organen und Körperteilen verändern. Wenn bei einer Krankheit deutlich ist, welches Element fehlt, kann man es durch diese Methode in das betreffende Organ oder in den Körperteil lenken. Bei einer Infektion könnte dies das Feuer der Selbstverteidigung sein, bei einer Multiplen Sklerose die Erde der Abgrenzung, bei Rheuma die Luft der Beweglichkeit und bei Grauem Star das Wasser der Empfindsamkeit.

Für die Planeten-Atmung gilt dasselbe wie für die Elemente-Atmung, nur daß hier die Qualität eines Planeten und nicht eines Elements gerufen wird. Es liegt nahe, diese Methode mit den Kenntnissen über das Horoskop des Kranken zu kombinieren.

Diese Methode ist etwas differenzierter als die Elemente-Methode, da es 10 Planeten, aber nur 4 Elemente gibt. Man sollte jedoch zunächst einmal diejenige dieser beiden Gruppen wählen, die einem vertrauter ist.

Auch die Chakra-Meditation entspricht weitgehend der Elemente-Meditation und der Planeten-Meditation, nur das hier ein Chakra (Organ des Lebenskraftkörpers) und nicht ein Hilfsmittel (z.B. Feuer-Atem) im Mittelpunkt steht.

In der Regel wird man dabei in das Chakra atmen, das einen Lebenskraft-Mangel hat. Evtl. kann man dafür auch den Elemente-Atem oder den Planeten-Atem benutzen. Bei dieser Methode ist natürlich die Kenntnis der Chakren eine Voraussetzung.

Bei den Bindhu-Meditation wird Licht von oben von der Sonne gerufen. Die christliche Entsprechung dazu ist das Herabrufen des Heiligen Geistes. Im Wicca entspricht dies dem Herabziehen des Mondlichtes. In der Magie ist dies die Übung der Mittleren Säule. Man könnte diese Meditation etwas neutraler auch „Licht-Anrufung" nennen.

Diese Meditation besteht aus der Imagination des Herabfließen dieses weißen oder weiß-goldenen Lichtes. Schon die weite Verbreitung dieser Meditation, die auch als Ritual durchgeführt werden kann, zeigt, wie wichtig sie ist. Sie bewirkt eine Zentrierung, Stärkung, Verbindung, Integrierung und Bewußtwerdung – wobei die Wirkung natürlich auch sehr stark von demjenigen abhängt, der diese Meditation durchführt.

Die <u>Traumreisen</u> sind bereits beschrieben worden – sie sind vermutlich die bekannteste Meditations-Form in dieser Gruppe von Meditationen. Sie werden auch „Schamanische Reise", „Phantasiereise", „kathatymes Bild-Erleben" und noch einiges anderes genannt.
  Man kann auf Traumreisen sowohl etwas wahrnehmen als auch etwas verändern, d.h. heilen.

Die <u>Imagination</u> ist eigentlich keine eigenständige Meditations-Methode, sondern ein allgemeines Hilfsmittel bei allen bildhaften Meditationen.
  Durch das Schauen wird die Lebenskraft wahrgenommen, durch die Imagination wird die Lebenskraft geformt und bewegt.

Bei einer <u>Gottheiten-Meditationen</u> nimmt man in aller Regel innerlich die Gestalt der betreffenden Gottheit an, d.h. man imaginiert sich als diese Gottheit. Manchmal beschränkt sich der Meditierende auch darauf, die Gottheit vor sich zu sehen.
  Durch diese Methode übernimmt man teilweise die Qualitäten dieser Gottheit, was zur Heilung des Meditierenden beitragen kann, wenn man die Gottheit ausgewählt hat, die das Thema im heilen Zustand repräsentiert, das sich bei dem Betreffenden in einem kranken Zustand befindet. So könnte sich z.B. ein Kranker, dem es an Verteidigungswillen fehlt, als den Gott Ares imaginieren. Diese Methode ist sozusagen eine „meditative Invokation". Sie ähnelt der Elemente-Meditation und der Planeten-Meditation, aber da das, was man anruft, ein bewußtes Wesen, also eine Gottheit, ist und nicht nur „geprägte Lebenskraft", ist das Erlebnis deutlich anders.

- Durch die Kombination und Koordination des **Wachbewußtseins mit dem Tiefschlafbewußtsein** ergibt sich ein Bewußtseinszustand, in dem der Meditierende seine Wurzeln erlebt, d.h. die „Leinwand hinter dem Bild", „die Stille hinter der Musik", das „Fundament unter dem Tempel" wahrnimmt.

Bei der <u>Gedankenstille</u> hört man „einfach" auf zu denken, zu fühlen

46

oder innere Bilder anzuschauen.

Wenn man diese Meditation erlernt hat, kann man sie dazu verwenden, wieder „auf den Boden zu kommen", sich zu besinnen, gelassen zu werden und wieder zu dem Regisseur in dem eigenen Schauspiel zu werden. Das dürfte bei jeder Art von Heilung eine förderliche innere Haltung sein. Mit dieser Gelassenheit ist jedoch keineswegs eine Form der Kraftlosigkeit gemeint, sondern vor allem eine Souveränität und eine Freiheit von inneren Widersprüchen.

Bei der <u>Seelen-Meditation</u> sucht man die eigene Seele auf (die man evtl. von Traumreisen kennt), spricht mit ihr und läßt sich von ihr helfen.

Diese Meditation ist die größte Hilfe dabei, zu der eigenen Wahrheit zurückzukehren und dadurch die Wurzeln zu heilen, deren „Verletzung" zu der eigenen Krankheit geführt hat. Natürlich kann man von der eigenen Seele auch Rat und Hilfe bei der Heilung einer konkreten Krankheit erhalten. Oft sind die Heilungs-Hinweise, die man von der eigenen Seele erhält, recht merkwürdig, aber zugleich sehr wirksam. Es lohnt sich, sie auszuprobieren.

Bei der <u>Herzmeditation</u> atmet man in das eigene Herzchakra und spricht dabei evtl. noch ein einfaches Mantra wie z.B. beim Einatmen „Seele" und beim Ausatmen „Liebe".

Diese sehr weit verbreitete Meditation hat dieselbe Wirkung wie die Seelen-Meditation, nur das sie stärker auf das Erleben und Fühlen und das Erwecken der Seele und auf die Integration der Seele in das eigene Leben ausgerichtet ist.

- Durch die Kombination und Koordination des **<u>Wachbewußtseins mit dem Ekstase-Bewußtsein</u>** ergibt sich ein Bewußtseinszustand, der bewußt und gleichzeitig auf eine ganz entspannte Weise vollkommen einsgerichtet ist.

Bei der <u>Kundalini-Meditation</u> ruft man das Erdfeuer aus dem glühende Erdkern in sich empor.

Dadurch wird der Lebenskraftfluß im eigenen Körper angeregt (der Lebenskraft-Kreislauf") und der Körper wird mit Lebenskraft angereichert („gut ernährt). Diese Meditation ist daher bei den meisten Krankheiten förderlich – und auch zur Krankheits-Vorbeugung. Sie ist zudem auch ein wichtiges Hilfsmittel, um generell eine effektive Magie erreichen zu können. Durch das Fließen der Kundalini werden auch die Chakren geheilt.

Bei einer <u>Mantra-Meditation</u> wiederholt man innerlich immer wieder ein Wort oder einen kurzen Satz – oft einmal beim Einatmen und einmal beim Ausatmen. Durch diese Meditation wird man eingerichtet auf das, was die Worte des Mantra beschreiben.

Diese Methode läßt sich bei Heilungen auf vielfältige Weise anwenden: Man kann „Gesundheit" als Mantra nehmen oder den Namen eines Heiler-Gottes oder Heiler-Halbgottes wie „Äskulap", man kann den Namen eines Gottes als Mantra nehmen, der die Qualität verkörpert, die man zur Heilung der Krankheit benötigt usw. Das Mantra definiert bei dieser Methode nicht nur die Qualität, die man ruft, sondern es hilft auch, eingerichtet auf diese Qualität zu werden und ganz in dieser Qualität aufzugehen.

Ein <u>Chant</u> ist ein kurzes und meist recht einfaches Lied, das man für längere Zeit wiederholt. Es ist sozusagen ein etwas längeres Mantra, das nicht nur innerlich, sondern auch äußerlich gesungen wird. Oft wird auch in Gemeinschaft gechantet.

Die Wirkung entspricht der Wirkung eines Mantras, aber es kann durch die Koordination mit dem Gesang der anderen und evtl. auch noch durch das gemeinsame Chanten in einem Tempel vor der Statue der betreffenden Gottheit sehr viel stärker werden als eine Mantra-Meditation. Eine Mantra-Meditation ist jedoch organisatorisch gesehen viel einfacher durchführbar: Man setzt sich hin und fängt an.

- Durch die Kombination und Koordination des **Wachbewußtseins mit dem Traumbewußtsein, dem Tiefschlafbewußtsein und dem Ekstase-Bewußtsein** ergibt sich ein umfassender Bewußtseinszustand, der deutlich über das Gewohnte hinausgeht.

Dieser Bewußtseinszustand kommt fast nur in <u>Mandala-Meditationen</u> und in Mandala-Ritualen vor. In ihnen ist das bewußte Meditieren das Wachbewußtsein, das Mandala selber der Bilder-Bereich des Traumbewußtseins, die Ekstase ist die sexuelle Vereinigung der beiden Gottheiten im Zentrum des Mandalas, und die Stille des Tiefschlafbewußtseins befindet sich im Inneren all dieser Bilder.

Diese Methode kann sehr heilsam sein, da sie ein neues, heiles inneres Bild erschafft, das zudem mit den im Mandala sitzenden oder tanzenden Gottheiten verbunden ist. Allerdings ist es nicht so einfach, das für die Heilung der Krankheit passende Mandala zu finden und dann auch noch das Mandala als Gemeinschafts-Ritual durchzuführen. Die alleine durchgeführte Mandala-Meditation ist einfacher, aber auch bei ihr braucht man einiges an Zeit, um innerlich ein lebendiges Bild des Mandalas aufzubauen.

(Bei Bedarf siehe mein Buch „Meditation für Anfänger". In meinem Buch „Wie man das Pentagramm-Ritual zum Leben erweckt", wird eine Mandala-Meditation beschrieben. Der generelle Aufbau eines Mandalas und die Dynamik in ihm wird in „Mandalas für Anfänger" geschildert.)

II 14. c)   Die Seele

Da die eigene Seele den Entschluß zur Inkarnation gefaßt hat, sind die Seele und ihr Entschluß das Fundament und der Same ihrer derzeitigen Inkarnation. Wenn der Kranke den Kontakt zu der eigenen Seele erlangt, kann er daher ein Bild von seinem heilen Zustand finden – was in den meisten Fällen sehr hilfreich ist.

Der Kontakt zur eigenen Seele ist von seiner Wirkung her sehr ähnlich wie das Deuten des eigenen Horoskops und wie das Finden des eigenen Krafttiers, der Kraftpflanze und des Kraftsteins – nur ist der Kontakt mit der eigenen Seele sehr viel direkter und essentieller. Das Horoskop ist dafür viel differenzierter und die drei Verbündeten stellen auf ziemlich anschauliche Weise drei Aspekte des Charakters und der Absicht der Seele dar.

Um die eigene Seele zu finden, kann man imaginativ in einen Sonnentempel gehen, also in einen Tempel, den man als „Haus der Seele" definiert hat. Man kann auch über das eigene Herzchakra meditieren oder in das eigene Herzchakra atmen. Man kann auch eine Traumreise unternehmen, auf der man zur eigenen Mitte geht. Man kann weiterhin eine Traumreise beginnen, indem man durch eine Tür geht, auf der sich ein Hexagramm mit einem Sonnensymbol im Zentrum befindet. Hier gibt es wieder einmal viele Möglichkeit …

II 14. d)   Die Schutzgottheit

Die generelle Orientierung des eigene Lebensstils an der eigenen Schutzgott – also an der Gottheit, von dessen „Meer" die eigen Seele ein „Tropfen" ist – ist ausgesprochen förderlich. Letztlich läßt sich der Charakter der eigenen Schutzgottheit in den eigenen Lebensthemen auch gar nicht vermeiden, aber es macht einen Unterschied, ob man diesen Stil bewußt lebt oder ob man ihn ablehnt und nur gezwungenermaßen lebt.

Man findet seine eigene Schutzgottheit entweder durch Traumreisen, über die Gespräche mit der eigenen Seele oder indem man sich zu dieser Gottheit besonders stark hingezogen fühlt.

Der Einklang mit der eigenen Schutzgottheit ist so ziemlich das tiefste Fundament für die eigene Heilung, das man finden kann.

Die Gottheiten, die die eigene Schutzgottheit sein können, sind durchaus sehr verschieden: der aggressive Krokodilgott Sobek, der lüsterne Ziegenbockgott Pan, die freundliche Korngöttin Sif, die zurückhaltende Sonnengöttin Amaterasu, die hilfsbereite Büffelfrau Pte-san-win, der immer wieder sterbende und wiedergeborene Korngott Osiris, der listige Loki usw.

Der „spirituelle Hintergrund", vor dem sich das eigene Leben abspielt, kann sehr unterschiedlich sein …

II 14. e) Das heile Urbild

Neben der persönlichen Schutzgottheit, die sozusagen der „Vater" bzw. die „Mutter" der eigenen Seele ist, gibt es in der Mythologie auch noch das Urbild des Menschen: der germanische Tuisto, der germanische Ymir, der persische Yima, der indische Yama, der jüdische Adam, der ägyptische Atum, den germanischen Mannus, der indische Purusha, der chinesische Pan Gu usw.

Möglicherweise kann es auch einmal hilfreich sein, diesen Urmenschen zu invozieren, aber vermutlich wird es nur wenige Fälle geben, wo dies das sinnvollste Vorgehen ist.

II 14. f) Die Intuition

Zu der intuitiven Methode läßt sich nicht allzuviel Methodisches und Strukturelles sagen, da sie eben intuitiv ist. Es kommt manchmal vor, daß man auf einmal überzeugt ist, etwas Bestimmtes essen zu müssen, an einen bestimmten Ort gehen zu müssen oder einen bestimmten Menschen um Rat fragen zu müssen.

Diesen Eingebungen sollte man folgen, da sie möglicherweise von einem Teil des eigenen Körpers oder der eigenen Psyche oder auch von einem Wesen oder einer Gottheit kommen, die den Weg zur Heilung kennt. Natürlich sollte man schauen, ob das Befolgen der Eingebung auch einr Gefahr enthält und nicht einfach „losrennen".

II 15. Die magische Therapie: Die Welt

Es gibt einige Heilungsmethoden, die sich auf verschiedene Weisen recht stark auf die Welt beziehen.

II 15. a) Die Elemente

In der Medizin des europäischen Mittelalters und in der heutigen traditionellen indischen, tibetischen und chinesischen Medizin spielt das Gleichgewicht der Elemente eine große Rolle – egal, ob dies die vier europäischen Elemente Feuer, Wasser, Luft und Erde oder die fünf asiatischen Elemente Feuer, Wasser, Erde, Metall und Holz sind.

In diesem Zusammenhang finden sich manchmal die seltsamsten Therapie-Anweisungen, die aus heutiger europäischer Sicht sehr nach Zauberei aussehen – und genau das auch sind.

Mein Freund Jörg Wichmann hat vor einigen Jahrzehnten in Indien den Leibarzt des Dalai Lama kennengelernt und sich mit ihm über Heilmethoden unterhalten. Dieser Heiler fand die westliche Vorstellung von „kleinen Tierchen", die Krankheiten hervorrufen, ausgesprochen amüsant – aber er konnte nach seiner Elemente-Methode sogar die Gelbsucht heilen. Dafür mußte der Kranke eine bestimmte Zeitlang in einer bestimmten Haltung liegen, in bestimmten Abständen bestimmte Mengen Wasser trinken, dann dasselbe in einer anderen Haltung usw. Aber wie sagt man doch: „Wer heilt, hat recht."

Die Elemente-Methode und die westliche Methode, die u.a. von Bakterien und Viren als Krankheitserregern ausgeht, schließen sich ja keineswegs aus, sondern man kann sie durchaus auf sinnvolle Weise miteinander kombinieren.

II 15. b) Die Planeten

Im Vergleich zu der Elemente-Methode steckt die Planeten-Methode noch vollkommen in den Kinderschuhen. Im Prinzip müßte sie auf dieselbe Weise anwendbar sein wie die Elemente-Methode – wobei sie naheliegenderweise mit dem Horoskop des Kranken kombiniert werden würde – aber sie ist, wie gesagt, bisher nicht über erste Entwürfe hinausgekommen.

II 15. c) Chirurgie kontra Homöopathie

Wenn man sich verschiedene Heilungsmethoden anschaut, wird man feststellen, daß die Meinung, daß man alle oder zumindestens viele Methoden kennen und aus ihnen in jedem neuen Fall die jeweils geeignete Therapie neu auswählen sollte, nicht allzuweit verbreitet ist.

Ganz im Gegenteil wird man relativ häufig Heilern begegnen, die ganz verschiedene Standpunkte vehement vertreten: Nur Demeter-Ernährung kann gesund machen, nur die Makrobiotik ist heilsam, nur die Schulmedizin ist wirklich erprobt und verläßlich, die Chirurgie ist die einzige wirksame Medizin, man sollte stets homöopathisch vorgehen, nur das Gebet kann zur Heilung führen, Traumreisen zu der Krankheit sind das einzig wirksame Mittel, nur Tiefenmassage löst Blockaden, Traumata lassen sich einzig durch Familienaufstellungen lösen, nur Feuerläufe reichen bis zu den Wurzeln der Krankheiten hinab, einzig Schwitzhütten können das Urvertrauen wiederherstellen, nur die Ostheopathie macht Leib und Psyche wieder beweglich usw.

Wenn man ein Heiler werden will, kommt man daher nicht drumherum, sich selber mit verschiedenen Heilungsansätzen vertraut zu machen und zu schauen, welche Ansätze einem selber liegen – und wer die anderen Heilungsansätze gut beherrscht. Dann kann man bei einem Patienten schauen, was dieser Patient vermutlich für seine Heilung braucht und dann in Kooperation mit anderen Heilern die Heilung durchführen.

Die Wahl der Heilungsmethode sollte sich niemals an dem orientieren, was der Therapeut, der von dem Kranken aufgesucht wird, an Methoden beherrscht, sondern stets an dem, was dem Kranken voraussichtlich am meisten helfen wird.

Die Auswahl dieser passenden Methoden ist eine Kunst für sich, die leider noch nicht allzuweit verbreitet ist.

In der Lebensgeschichte des tibetischen „Landesheiligen" Milarepa wird beschrieben, wie Milarepa nacheinander verschiedene Yogis aufsucht, um von ihnen meditieren zu lernen. Nachdem er bei dem ersten Yogi keinerlei Fortschritte gemacht hatte, haben der Yogi und Milarepa zusammen überlegt, welcher andere Yogi der passende Lehrer für Milarepa sein könnte. Nach mehreren Versuchen und „Überweisungen" zu einem anderen Yogi hat Milarepa dann schließlich den Yogi und Übersetzer Marpa Lotsawa gefunden, der der richtige Lehrer für ihn war.

Diese Haltung wäre auch in der heutigen Medizin und Heilkunst wünschenswert …

II 15. d)   Die Weltanschauung des Patienten

Eine weitere wichtige Rolle spielt die Weltanschauung des Patienten. Es ist hilfreich, wenn der Heiler bei seinem Vorgehen, seinem Lehren von Meditationen, seinen Chakra-Behandlungen usw. innerhalb des Weltbildes des Kranken reden und handeln kann.

Das würde z.B. bedeuten, daß er sich bei einem Christen an Gott, Christus oder den Heiligen Geist um Hilfe wendet, bei einem Buddhisten an Buddha, bei einem Moslem an Allah, bei einem Dakota-Indianer an Wakan Tanka usw.

Es hat natürlich nicht viel Sinn, einfach nur die Namen aus der Religion des Kranken zu benutzen – man sollte schon selber eigene Erfahrungen mit den betreffenden Gottheiten, Anrufungen, Meditationen usw. haben, denn sonst wirkt das ganze gekünstelt und hohl und wird auch kaum eine Wirkung haben.

II 15. e)   Die Kultur-Abhängigkeit

In verschiedenen Kulturen gehören verschiedene Heilungsansätze zu den allgemein anerkannten Methoden. So ist im Westen vor allem die „Schulmedizin" und in geringerem Maße noch die Homöopathie anerkannt. Im indischen Ayur-Veda spielt hingegen die Elemente-Lehre eine große Rolle, in China die traditionelle Medizin, in Afrika der Ahnenkult, bei den Indianern die Naturgeister usw.

Für einen Ratsuchenden werden die ihm geläufigen Methoden immer am vertrauenerweckendsten sein. Daher ist es sinnvoll, dem Kranken Methoden, die für ihn exotisch erscheinen mögen, zumindestens zu erklären und ihm ihre Grundprinzipien verständlich zu machen.

II 15. f)   Lebenskraft und Naturverbundenheit

Die Steigerung der Lebenskraft ist ein Element bei der Heilung, das man nicht unterschätzen sollte. Dieses Verfahren ist als „tierischer Magnetismus", als „Reiki", als „Elemente-Atem" und ähnliches bekannt, aber auch der Aufenthalt in der Natur, Wassertreten, Schwimmen im Freien oder am Meer, und ähnliches fördern das Niveau an Lebenskraft in einem Menschen.

In der ursprünglichen Homöopathie sind noch beide Methoden kombiniert gewesen: das Vermitteln einer neuen Information durch die homöopathischen Kügelchen und das Erhöhen des Lebenskraft-Niveaus durch den Aufenthalt in der Natur oder durch das „Magnetisieren", das auch als „Mesmerismus" bekannt ist.

53

II 16. Die magische Therapie: fortgeschrittene Magie

Schließlich gibt es noch die Formen der Heilung, an die man bei dem Begriff „magische Heilung" vermutlich als erste denkt und deren Extremformen man in den den Geschichten über „Wunderheilungen" findet.

II 16. a) Die Willens-Magie

Für die in diesem 16. Kapitel beschriebene Formen der Magie reichen die passenden Bilder und die Imagination nicht mehr aus. Für diese fortgeschritteneren Formen der magischen Heilung ist eine hohe Konzentration, also ein großer Wille, eine hohe Einsgerichtetheit notwendig.

Diese Einsgerichtetheit bzw. diese Willensintensität kann man durch die verschiedensten Hilfsmittel wie Schmerz, Sex oder Ekel erlangen, aber im Prinzip reicht es aus, das Ziel wirklich zu wollen – man könnte auch sagen, daß man schlicht und einfach entscheidet, was geschehen wird.

Bei manchen Menschen ist dieser starke und tendenziell auch dominante Wille angeboren – sie haben es einfach mit dieser eingerichteten und „entscheidenden" Form der Magie. Man kann diese Einsgerichtetheit jedoch auch üben und dann eine effektive Form der Magie entwickeln.

II 16. b) Die religiösen Methoden

Ein anderer Ansatz ist das Vertrauen in Gott, in die Gottheiten, in eine bestimmte Gottheit oder in die eigene Seele – dieses Vertrauen kann so groß sein, daß auch daraus eine Einsgerichtetheit in der Magie und in der Heilung entstehen kann.

Man kann natürlich auch andere Bitten als nur die um Heilung aus diesem Vertrauen heraus an die Götter richten.

Es gibt auch viele speziellere Hilfen, die man von den Gottheiten bekommen kann. So kann z.B. die Imagination des Buddhas Amitabha im Dritten Auge bzw. in der Zirbeldrüse eine sich anbahnende Panikattacke abwenden. Die jeweilige Gottheit wirkt so, wie es ihrem Charakter entspricht – was bedeutet, daß man bei dieser Methode am besten sowohl die Krankheit und ebenso die Chakren und die Organe als auch die Gottheiten und deren Charakter gut kennen sollte.

II 16. c) Wunder

Nun kommen am Schluß noch die „hardcore"-Formen der magischen Heilungen. Es hat vermutlich wenig Sinn, über diese Methoden nachzudenken, wenn man nicht schon einiges in dieser Richtung erlebt hat, was deutlich macht, daß es auch extremere magische Phänomene gibt.

Für mich selber sind dies unter anderem Erlebnisse mit Materialisierungen, mit Feuerläufen, mit Astralreisen, und mit Dingen, die sich telekinetisch bewegt haben, gewesen – hinzu kommen noch viele telepathische Erfahrungen, einige Dämonen-Beschwörungen, Invokationen und ähnliches mehr.

Eine gute Freundin von mir hat früher als Jugendliche einen sehr krummen Rücken gehabt, der sie stark beeinträchtigt hat. Nach einer Behandlung bei dem inzwischen verstorbenen zypriotischen Heiler Daskalos hatte sie ein völlig normales Rückgrat und ist Tänzerin geworden. Daskalos hat ihr nur ein paar mal über den Rücken gestrichen – anschließen hatte das Röntgenbild ihres Rückgrats keinerlei Ähnlichkeit mehr mit den Röntgenbildern vor ihrer Behandlung.

Eine mir gut bekannte Bildhauerin sollte an beiden Knien am Miniskus operiert werden, als sie gehört hatte, daß man bei einem Miniskus-Problem bei Vollmond eine Beinwell-Pflanze kauen, drei Vaterunser darüber sprechen und den Beinwell-Brei dann auf die Knie streichen soll. Danach brauchte sie keine Operation mehr.

Mein Sohn hatte vor etliche Jahren dasselbe Problem, konnte nur noch mit Krücken laufen und sollte an beiden Minisken operiert werden. Da hat er intuitiv nach einer Lösung gesucht und spontan eine Pflanze gegessen, die in einem Kräutergarten auf einer Burg wuchs. Daraufhin konnte er sich die Krücken unter den Arm klemmen und brauchte keine Operation mehr.

Ähnliches, aber weniger dramatisch, habe ich auch mit meinen Knien erlebt. Mir haben die Ärzte schon in meiner Kindheit jeden Sport verboten und mich darauf vorbereitet, daß ich evtl. lahm werden könnte. Ich habe jedoch immer wieder mit meinen Knien gesprochen, wenn sie geschmerzt haben und nach und nach herausgefunden, was mit ihnen los ist, und konnte dann mühelos 60km am Tag wandern, auf die Zugspitze klettern und mit guten Ergebnissen am Halbmarathon teilnehmen.

Es gibt eine Menge an abenteuerlich klingenden Geschichten von Heilungen durch Schamanen, Yogis, Lamas, Heilige, Sufis usw. So wird über die australischen Aborigines berichtet, daß sie gebrochene Knochen durch Gesang heilen. Andere Heiler – wird erzählt – führen erfolgreiche und schmerzfreie Operationen ohne Betäubung und ohne Skalpell durch.

Wenn man die Berichte über diese Wunderheilungen liest, fallen mehrere Elemente auf, die fast allen gemeinsam zu sein scheinen – unabhängig davon, aus welcher Kultur oder Religion diese Berichte stammen. Diese gemeinsamen Elemente sind:

- Der Heiler ist sich vollkommen sicher, daß die Heilung gelingen wird – was eine Form der Einsgerichtetheit ist. So hat sich Christus stets vor dem Wunder bei Gott dafür bedankt, daß er jetzt ein Wunder geschehen lassen wird – und nicht erst nachher.

- Der Heiler oder die Gruppe von Heilern vertrauen vollkommen auf Gott, auf eine Gottheit, auf die Ahnen oder ähnliche Wesen.

- Der Fähigkeit, auf diese Weise zu heilen, geht eine Phase des Rückzuges in die Einsamkeit voraus, in der der angehende Heiler meditiert, zu Gott o.ä. betet und dabei offensichtlich diese felsenfeste Vertrauen und diese Einsgerichtetheit erlangt, die von Christus als „Glaube, der Berge versetzt" umschrieben wird.

- Die Heilung geschieht mühelos durch einige wenige Worte oder Gesten und ganz ohne lange Invokationen und ganz ohne jedes Ritual.

- Bei Heilungen durch eine Gruppe, d.h. durch mehrere Heiler oder durch eine Stammesgemeinschaft o.ä. wird das Chanten oder eine andere Form der Koordination benutzt, um eine Gruppen-Einsgerichtetheit zu erreichen.

- Alle diese „Wunderheiler" sind nicht nur Heiler, sondern zunächst einmal ganz allgemein Magier. Sie können genauso gut verfluchen, Dinge schweben lassen, über Wasser gehen, Substanzen verwandeln und auf sonstige Arten Dinge tun, die den üblichen Naturgesetzen widersprechen. Das Heilen ist also nur eine spezielle Form der Anwendung dieser „außergewöhnlichen Magie" und nicht eine Fähigkeit, die man speziell und unabhängig von der übrigen Magie erlernen könnte.

- In vielen Fällen erlernt der Magier/Heiler seine Fähigkeiten von einem Lehrer, der sie wiederum von seinem Lehrer gelernt hat usw. Die Nachahmung eines Vorbildes bzw. die Übertragung von Fähigkeiten von einem Lehrer auf einen Schüler spielt dabei oft eine große Rolle. Bei dieser Übertragung erklärt der Lehrer dem Schüler das Wesentliche und weitet dann sein Bewußtsein bzw. seinen Lebenskraftkörper auf den Schüler aus. Das wird in Indien und Tibet „Belehrung und Kraftübertragung" genannt. Dieser Vorgang ist (aus der Sicht des Lehrers) ganz schlicht und einfach. Ich habe auch schon selber auf diese Weise z.B. die Fähigkeit der inneren Stille anderen weitergegeben – ich selber habe sie auch auf diese Weise geschenkt bekommen.

Es zeigt sich somit deutlich, daß ein Heiler, der Magie benutzt bzw. „Wunder tut" eben vor allem ein Magier sein muß. Ein Magier zeichnet sich wiederum durch die Fähigkeit der Einsgerichtetheit aus – egal, ob er dies nun durch einen dominanten

Willen, ein vollkommenes Vertrauen in eine Gottheit oder durch noch eine andere Methode erlangt.

Wenn man einen Heiler für eine Krankheit sucht, sollte man nach einem Menschen suchen, der in der Lage ist, „außergewöhnliche Magie" zu vollbringen. Wenn man selber solch ein Heiler werden will, sollte man die Einsgerichtetheit üben und am besten auch einen fähigen Magier/Heiler suchen, um von ihm „Belehrung und Kraftübertragung" zu erhalten. Man kann natürlich auch von mehreren Heilern nacheinander lernen.

Im Rahmen der „normalen Magie" genügt es, etwas zu wollen, sich zu konzentrieren, das Ziel zu imaginieren und eine passende Symbolik und ein passendes Ritual bzw. eine passende Meditation zu verwenden. Um „außergewöhnliche Magie" ausüben zu können, ist jedoch eine vollkommene Einsgerichtetheit notwendig, die man – wie bereits gesagt – auf verschiedene Weisen erlangen kann.

Es gibt keine Zaubersprüche, Zaubertränke, Symbole, Rituale, Meditationen usw., mit deren Hilfe man „außergewöhnliche Magie" bewirken könnte – dafür ist die Einsgerichtetheit notwendig. Nur sie hat die notwendige Kraft. Die Einsgerichtetheit macht aus dem Kerzenlicht der guten Absicht den Laserstrahl der effektiven Magie.

17. Zusammenfassung

Man kann am einfachsten einen Überblick über diese vielen Methoden bekommen, wenn man sie entsprechend ihrer Wirkungsweise sortiert.

1. **Veränderung des physischen Körpers**:
 - Die <u>normale Medizin</u> verändert den Zustand des Körpers durch Operationen, Entspannung (Massage, Osteopathie) oder Training (Physiotherapie) oder durch die Beeinflussung der chemischen Prozesse im Körper (Medizin, Ernährung).

2. **Veränderungen in der Psyche**:
 - Durch eine <u>Psychotherapie</u> kann ein problematisches Thema in der Psyche geheilt und ein Trauma aufgelöst werden.
 - Durch eine Therapie kann die Fixierung der Psyche auf ein <u>extremes Verhalten</u> (Süchtiger, Asket; Täter, Opfer; Star, Fan) geheilt werden.
 - Durch <u>Psychopharmaka</u> werden sowohl die Psyche als auch der Körper verändert, d.h. in einen anderen Zustand versetzt. Sie verändern allerdings in der Regel nicht die „hardware" der Psyche, sondern nur den Zustand der „software", d.h. nach dem Absetzen der Medikamente kehrt die Psyche in den ursprünglichen Zustand zurück.

3. **Schaffen von Rückhalt**:
 - Die <u>Ressourcen-orientierte Therapie</u> baut immer auf dem Schaffen von Rückhalt auf.
 - <u>Schwitzhütten-Rituale</u> können das Urvertrauen und die Geborgenheit wiederherstellen.
 - <u>Familienaufstellungen</u> schaffen zumindestens teilweise auch einen neuen Rückhalt.

4. **Veränderungen der Beziehungen**:
 - Mithilfe der <u>psycho-sozialen Therapie</u> kann das Verhältnis zwischen Ich und Sippe weiterentwickelt werden.
 - Durch die <u>soziale Therapie</u> wird der Kranke idealerweise in ein Umfeld gebracht, das seiner Heilung förderlich ist.
 - Durch <u>Familienaufstellungen</u> können alte Konflikte in der Sippe, die zu Konflikten in der Psyche des Kranken geworden sind, aufgelöst werden.
 - Mithilfe des <u>Beziehungs-Mandalas</u> können die Grundstrukturen in den Beziehungen, die auf dem Extremzustand der Psyche beruhen, verändert werden.

5. **Erdung von neuen Qualitäten und Fähigkeiten**:
   - Durch die Verhaltenstherapie können neu erworbene Fähigkeiten geerdet und dadurch sicher und verläßlich werden.

6. **Erkennen und Verstehen der Krankheit**:
   - Die direkteste Methode ist eine Traumreise zu der Krankheit.
   - Auch eine Psychotherapie kann helfen.
   - Ebenso kann die Astrologie eine große Hilfe sein.
   - Der Kontakt mit der eigenen Seele kann eine der größten Hilfen sein.
   - Der Kontakt mit dem Krafttier, der Kraftpflanze und dem Kraftstein machen dem Kranken die eigene heile Dynamik, Haltung und Struktur bewußt.
   - Zu diesem Punkt gehören auch die ganzen Diagnose-Methoden aus dem ersten Teil dieses Buches.

7. **Heilung durch den Kontakt zu der Krankheit**:
   - Auf Traumreisen kann man mit der Krankheit sprechen und mit ihr Übereinkünfte treffen, die kurzfristig die Krankheitsursache und somit mittelfristig auch die Krankheit selber auflösen können.
   - Durch eine Bewußtseinsübertragung kann auch ein Therapeut direkt mit einer Krankheit Kontakt aufnehmen und dabei Bewegungen innerhalb des Lebenskraftkörpers anregen, den Zustand der Chakren verändern, eine Kooperation des Kranken mit seinen Organen in Gang bringen und ähnliches mehr.

8. **Entspannung und Anregung des Lebenskraftkörpers**:
   - Bei der Fußreflexzonen-Massage wird der Lebenskraftkörper sowohl entspannt als auch angeregt.
   - Die Schwitzhütten-Zeremonien können zu einer sehr tiefen Entspannung führen.
   - Auch Massagen können diese Wirkung haben.

9. **Stärkung des Lebenskraftkörpers**:
   - Einige körperzentrierte Methoden wie Joggen, Wandern, Aufenthalt in der Natur und Wassertreten reichern den Körper auf eine schlichte Weise mit Lebenskraft an und entspannen nebenher auch noch die Psyche.
   - Durch die Meditation der Elemente-Atmung wird der Lebenskraftkörper mit der Qualität des betreffenden Elementes gestärkt.
   - Durch die Meditation der Planeten-Atmung wird der Lebenskraftkörper mit der Qualität des betreffenden Planeten gestärkt.

- Durch die Meditation der <u>Chakra-Atmung</u> wird in dem betreffenden Chakra die Lebenskraft geordnet und gestärkt.
- Die <u>Mantra-Meditationen</u> stärken den Lebenskraftkörper und prägen ihn mit einer bestimmten Qualität und stellen zudem oft auch noch den Kontakt zu einer Gottheit her.
- Die <u>Chant-Meditationen</u> wirken wie die Mantra-Meditationen, aber werden oft in einer Gruppe durchgeführt.
- Durch das <u>Pentagramm-Ritual</u> kann der Lebenskraftkörper durch die vier Elemente (geprägte Lebenskraft) gestärkt werden.
- Die <u>Kundalini-Meditation</u> ist die gründlichste Methode, um die Lebenskraft im eigenen Körper wieder frei fließen zu lassen und um die Chakren zu heilen und über diese auch die Psyche und den Körper. Dies führt dann logischerweise auch zu einer Stärkung des Lebenskraftkörpers und zu einer generellen Heilung.

10. **<u>Gleichgewicht und Harmonie im Lebenskraftkörper</u>**:
- Durch die <u>Chakra-Atmung</u> wird die gleichmäßige Verteilung der Lebenskraft in den Chakren wiederhergestellt.
- Durch die <u>Elemente-Therapie</u> wird das Gleichgewicht der Elemente wiederhergestellt.
- Durch das <u>Pentagramm-Ritual</u> kann das Gleichgewicht der Elemente wiederhergestellt werden.
- Die <u>Planeten-Therapie</u> kann das Gleichgewicht der Planeten wiederherstellen.
- Durch die <u>Tafelrunde der Planeten</u> kann die Kooperation und somit auch das Gleichgewicht zwischen den Planeten wiederhergestellt werden.

11. **<u>Anregung des Lebenskraftkörpers durch Informationen</u>**:
- Die <u>Homöopathie</u> gibt dem Lebenskraftkörper und über ihn auch dem Körper und der Psyche eine Informationen, die ihm hilft, in den heilen Zustand zurückzukehren.
- Durch die Meditation der <u>Elemente-Atmung</u> wird dem Lebenskraftkörper die Qualität des betreffenden Elementes übermittelt.
- Durch die Meditation der <u>Planeten-Atmung</u> wird dem Lebenskraftkörper die Qualität des betreffenden Planeten übermittelt.
- Durch Meditation, die in größerem Maße <u>Imaginationen</u> benutzen, wird die Lebenskraft im eigenen Körper gelenkt und geprägt und dadurch dem heilen Zustand nähergebracht.
- Durch <u>Akupunktur, Akupressur und Moxa</u> erhält der Lebenskraftkörper gezielte, punktuelle Anregungen oder Entspannungs-Impulse.

- Durch das Pentagramm-Ritual kann die Harmonie zwischen den vier Elementen (geprägte Lebenskraft) wiederhergestellt werden.

- In einer Schwitzhütten-Zeremonie kann der Kranke von den gerufenen Wesen auch spezielle Hilfe erhalten – z.B. Hilfe bei der Erweckung seiner Kundalini durch die Schlange oder Hilfe beim Erlangen von Standfestigkeit durch den Bären.

- Durch Heilungsrituale kann die Lebenskraft im Lebenskraftkörper eines Kranken gelenkt und durch neue Informationen sowie durch neue Verbindungen z.B. zu Gottheiten bereichert werden.

- Auch Einweihungen können neue Fähigkeiten im Bereich der Lebenskraft vermitteln.

- Durch Meditation über Gottheiten können Qualitäten gefördert und Fähigkeiten erworben werden.

- Die Intuition kann neue Information sichtbar werden lassen, die Lebenskraft lenken und so auf vielfältige Weise zur Heilung führen.

12. **Selbsterkenntnis**:

- Die Astrologie hilft bei der Selbsterkenntnis und darauf aufbauend auch bei der Entwicklung von neuen Verhaltensweisen.

- Die Begegnung mit dem eigenen Krafttier, der eigenen Kraftpflanze und dem eigenen Kraftstein macht dem Kranken seine eigene heile Dynamik, seine eigene heile Haltung und seine eigene heile Struktur deutlich.

- Die Begegnung mit der eigenen Seele ist die gründlichste Form der Selbsterkenntnis, die zugleich auch den eigenen Lebenssinn offenbart – er besteht ganz schlicht darin, das auszudrücken, was die Qualität der eigenen Seele ist.

- Die Herzmeditationen sind letztlich alles Meditationen, die zu der Erkenntnis der eigenen Seele führen und dadurch die eigene Mitte stärken und den eigenen Lebenssinn deutlich werden lassen.

- Die Begegnung mit der eigenen Schutzgottheit geht noch eine Schicht tiefer und macht die Grundqualität der eigenen Seele deutlich.

13. **Blockaden auflösen**:

- Eine der beiden gründlichsten Methoden, eine Blockade aufzulösen, ist der Feuerlauf, da man dabei etwas tut, was man vorher für unmöglich gehalten hat. Dadurch löst sich generell das „ich kann nicht"-Programm auf.

- Die zweite der beiden gründlichsten Methoden ist die Erweckung der Kundalini, die dann bei ihrem Aufsteigen alle Blockaden bewußt macht und vehement auf deren Auflösung drängt.

14. **Abgrenzung**:
- Übungen, um den <u>eigenen Raum</u> wahrnehmen und schützen zu können, indem man lernt, Grenzen zu setzen, helfen die Opferrolle aufzulösen, die die Ursache vieler Krankheiten ist.
- Das Erlernen des <u>Kämpfens</u> ist die fortgeschrittene Übung für das Auflösen der Opfer-Rolle.
- Das <u>Pentagramm-Ritual</u> hilft, das sich-Abgrenzen zu erlernen.
- Das Erschaffen und Trennen von <u>Silberschnüren</u>, also die gezielte Herstellung und Auflösung von Lebenskraft-Kontakten, hilft im Bereich der Lebenskraft eigenständig und selbstbestimmt zu werden – vor allem im Verhältnis zu anderen Menschen.

15. **Integration der Bestandteile der Psyche**:
- Das <u>Pentagramm-Ritual</u> kann zu einer solchen Integration anregen, da es die Kooperation zwischen den vier Elementen darstellt.
- Die <u>Tafelrunde der Planeten</u> ermöglicht eine sehr differenzierte Kooperation zwischen den Bestandteilen der Psyche, die hier als die zehn Planeten im eigenen Horoskop erscheinen.

16. **im Hier und Jetzt präsent werden**:
- Dabei kann die Meditation des <u>freien, aber aufmerksamen Atmens</u> helfen.
- Die <u>Stille-Meditation</u> ist beim Erreichen dieses Zieles noch wirksamer als das freie Atmen.

17. **Integration**:
- Die <u>Bindhu-Meditation</u> fördert die Harmonie im Lebenskraftkörper, die Kooperation zwischen den Chakren und die Integration der Psyche und somit letztlich auch die Heilung.
- Auch das <u>heile Urbild</u> eines Themas kann Orientierung geben und somit Integration und indirekt dann auch Heilung bewirken.
- <u>Mandala-Meditationen und Mandala-Rituale</u> fördern die Integration aller vier Bewußtseinsformen (Tiefschlaf, Träumen, Wachen, Ekstase) und somit indirekt auch die generelle Heilung

18. **Wunder-Heilungen**:
- Wunder-Heilungen werden durch <u>Einsgerichtetheit</u> erlangt.
- Die <u>Willens-Magie</u> kann bis zu dem Niveau der Einsgerichtetheit gesteigert werden.
- Die religiösen Methoden, insbesondere das <u>Vertrauen in eine Gott-</u>

<u>heit</u>, kann bis zu der Einsgerichtetheit gesteigert werden.

19. **<u>Förderung der Effektivität der Heilung</u>**:

    - Es ist sinnvoll, bei einer Heilung die <u>Weltanschauung</u> des Kranken zu berücksichtigen, da die eigene Weltanschauung ein großer Rückhalt für jeden Menschen ist.

Diese – durchaus noch unvollständige – Übersicht zeigt deutlich, wieviele Methoden es gibt, wie viele verschiedene Aspekte eine Heilung haben kann und wie komplex daher ein Heilungsweg aussehen kann. Diese Komplexität macht auch deutlich, daß die Wirkungen der Maßnahmen, die man zum Erreichen der Heilung ergreift, zumindestens teilweise unvorhersehbar sind.

Die Wirkungen werden in den allermeisten Fällen in dieselbe Richtung weisen, aber die Größe der Wirkung ist kaum absehbar, da sie davon abhängt, was der Kranke genau braucht, wie sein Charakter ist, wie der Zustand seines Körpers ist und von vielen anderen Umständen mehr.

Das sollte einen natürlich nicht von einem Heilungsversuch abhalten, da die hier angeführten Methoden im Großen und Ganzen immer eine Wirkung haben – es ist nur nicht so einfach, immer den effektivsten Weg zu erkennen – und manchmal findet man auch keinen Weg zur Heilung, weil man die Ursache der Krankheit nicht finden kann oder weil die Krankheit schon zu weit fortgeschritten ist oder weil gerade kein „Wunderheiler“ zur Verfügung steht.

Ein Heiler ist wie ein Jäger oder Krieger: Er ist auf das, was kommen könnte, vorbereitet, aber er weiß nicht, was genau kommen wird, wie es sich entwickeln wird und wie erfolgreich er damit umgehen kann …

Bezüglich der magischen Methoden, um die es in diesem Buch in erster Linie geht, kann man sagen, daß zunächst für die „gewöhnliche Magie“ die Sachkenntnis und eine normale Konzentrationsfähigkeit ausreichen. Für die „außergewöhnliche Magie“ muß jedoch die Fähigkeit zur Einsgerichtetheit hinzukommen.

Es gibt noch einen Effekt, der auftritt, wenn man sich längere Zeit mit vielen verschiedenen Heilungs-Methoden beschäftigt: Die verschiedenen Methoden fangen an, sich miteinander zu verbinden und einander ähnlich zu werden – wodurch schließlich die Unterscheidungen zwischen den Methoden verblassen und stattdessen eine allgemeine Wahrnehmungs- und Handlungsfähigkeit im Bereich der Lebenskraft entsteht.

Dieser Effekt bedeutet noch nicht, daß auch die Einsgerichtetheit erlangt worden ist, aber er macht das Erreichen der Einsgerichtetheit ein wenig einfacher.

Dieser Effekt läßt sich am einfachsten an einigen Beispielen erläutern:

    - Beim Tarot liegen Karten mit bestimmten Qualitäten an Orten mit bestimmten Bedeutungen (Legemuster). Bei den Familienaufstellungen stehen Menschen an Orten, die eine bestimmte Qualität haben, und können diese Qualitäten (die Sippe des Ratsuchenden) verkörpern. Die Teilnehmer einer Familienaufstellung sind sozusagen „sprechenden Tarotkarten". Man kann sich auch beim Legen und Deuten von Tarotkarten einmal (innerlich) an die Position einer Tarotkarte stellen und schauen, welche Bilder und Impulse dann in einem auftauchen.

- Auch Traumreisen und Familienaufstellungen sind sich sehr ähnlich – nur daß der Vorgang einmal im Inneren und einmal im Äußeren abläuft.

- Man kann, wenn man die Tarot-Karten gelegt hat, eine kurze Traumreise in jede der ausgelegten Karten unternehmen.

- Das Bewegen der Lebenskraft mithilfe von Worten im Ritual, mit Gesten, mit Mantren, mit Imaginationen, mit Chants, mithilfe von Invokationen, mithilfe der Erweckung der Kundalini, mit Fußreflexzonen-Massagen usw. führt mit der Zeit zu einer allgemeinen Kenntnis, wie man Lebenskraft bewegen kann, ohne daß man dafür eine bestimmte Methode benötigen würde.

- Ebenso beginnen mit der Zeit die verschiedenen Methoden der Selbsterkenntnis wie die Astrologie, die Herzmeditation, der Kontakt zu dem eigenen Krafttier, der eigenen Kraftpflanze und dem eigenen Kraftstein, das Gespräch mit der eigenen Seele, die Invokation der eigenen Schutzgottheit usw. miteinander zu verschmelzen und zu einer einzigen Geste zu werden.

Dieser Effekt ist ausgesprochen hilfreich, da er die Vielfalt der Heilungsmethoden auf einige wenige Fähigkeiten reduziert, innerhalb derer man dann schauen kann, welches Hilfsmittel man in dem konkreten Fall benutzen will. Dies kann z.B., wenn man sieht, daß der Lebenskraftkörper des Kranken eine Anregung braucht, ein homöopathisches Kügelchen, eine Chakra-Meditation, eine Bewußtseinsübertragung oder eine Fußreflexzonen-Massage sein.

Man kann diesen Effekt auch anders beschreiben: Man wird im Laufe der Zeit mit seinen „Werkzeugen" so vertraut, daß man in jedem konkreten Fall in das betreffende „Fach" seines „Werkzeugkastens", in dem z.B. die „Wahrnehmungs-Werkzeuge" liegen, schaut und das in dem konkreten Fall am besten passende „Werkzeug" herausnimmt und benutzt. Manchmal wird man auch spontan eine neues „Werkzeug" erfinden …

III Der eigene Heilungs-Stil

Schließlich gibt es noch den persönlichen Stil beim Heilen. Dieser hängt von den eigenen Erfahrungen ab, aber auch von der eigenen Seele, von dem eigenen Krafttier, der eigenen Kraftpflanze und dem eigenen Kraftstein, von der eigenen Biographie, von dem eigenen Horoskop usw.

Jeder kann bestimmte Dinge am besten, andere auch noch recht gut und manche liegen einem nicht besonders. Es ist für einen Heiler (und nicht für den) ausgesprochen hilfreich, die eigenen Stärken und Vorlieben zu kennen und am besten auch zu wissen, welche anderen Heiler was gut können, damit man einen Kranken gegebenenfalls zu einem anderen Heiler überweisen kann.

Diesen eigenen Stil muß man letztlich selber herausfinden – wobei die Rückmeldungen anderer Heiler und vor allem der Kranken, die zu einem kommen, natürlich auch eine große Hilfe bei der Selbsteinschätzung sein können und möglicherweise diese Selbsteinschätzung auch ein wenig korrigieren können.

Es ist sinnvoll, die Vielfalt der Heilungs-Möglichkeiten zu kennen, aber sich dann, auf das, was man gut kann, zu konzentrieren und nebenher sich in den angrenzenden Bereichen auch ein wenig Fertigkeit zu erwerben. Und man muß nicht alles selber machen – man ist nicht der richtige Heiler für jeden Kranken. Wenn man jedoch eine gewisse Gelassenheit ausstrahlt und nicht nach Kranken „sucht", damit man diese heilen und dadurch seinen Lebensunterhalt verdienen kann, werden auch nur solche Kranke zu einem kommen, für die man der richtige Heiler ist.

Bücher von Harry Eilenstein

- The Synthesis of Physics and Magic (192 p.)
- Telepathy for Beginners (60 p.)
- Telepathy for Advanced Learners (52 p.)
- Telekinesis for Beginners (56 p.)
- Life Force for Beginners (76 p.)
- Kundalini for Beginners (104 p.)
- Astral Projection for Beginners (60 p.)
- Meditation for Beginners (60 p.)
- Prophecy for Beginners (60 p.)
- Ritual Magic for Beginners (64 p.)
- Magic Chant for Beginners (108 p.)
- Invocations for Beginners (52 p.)
- Evocations for Beginners (62 p.)
- Auto-Movement for Beginners (60 p.)
- Elves for Beginners (56 p.)
- Hypnosis for Beginners (56 p.)
- Love Magic for Beginners (52 p.)

- Money Magic for Beginners (60 p.)
- Magic Objects for Beginners (64 p.)
- Shamanism for Beginners (52 p.)
- Chakra-Magic for Beginners (148 p.)
- Language of the Moon – for Beginners (128 p.)
- Self Knowledge for Beginners (60 p.)
- Da'ath-Magic for Beginners (64 p.)
- Astrology for Beginners (112 p.)
- Number Symbolism for Beginners (64 p.)
- Mandalas for Beginners (76 p.)
- Crop Circles for Beginners (344 p.)
- Feng Shui for Beginners (96 p.)
- Magic Research for Beginners (140 p.)

- Magic for Beginners – Anthology I (636 p.)
- Magic for Beginners – Anthology II (616 p.)
- Magic for Beginners – Anthology III (684 p.)
- Magic for Beginners – Anthology IV (580 p.)

Religion allgemein
- Die sieben Schritte des Lebens (428 S.)
- Muttergöttin und Schamanen (168 S.)
- Totempfähle (440 S.)
- Der Urriese (168 S.)

Jungsteinzeit
- Göbekli Tepe (472 S.)
- Die Göttin von Göbekli Tepe (144 S.)

Ägypten
- Hathor und Re 1: Götter und Mythen im Alten Ägypten (432 S.)
- Hathor und Re 2: Die altägyptische Religion – Ursprünge, Kult und Magie (396 S.)
- Isis (508 S.)
- Ma'at (200 S.)

Christentum
- Christus (60 S.)
- Die Biographie des Teufels (144 S.)

Indogermanen
- Die Entwicklung der indogermanischen Religionen (700 S.)
- Wurzeln und Zweige der indogermanischen Religion (224 S.)

Griechen
- Pan (336 S.)
- Poseidon (668 S.)

Inder
- Dakini (80 S.)
- Vajra (76 S.)

Germanen
- Die Götter der Germanen (87 Bände – siehe nächste Seite)
- Odin (300 S.)

Kelten
- Cernunnos (690 S.)
- Taliesin (228 S.)
- Der Kessel von Gundestrup (220 S.)
- Der Chiemsee-Kessel (76)

Psychologie
- Über die Freude (100 S.)
- Das Geheimnis des inneren Friedens (252 S.)
- Das Beziehungsmandala (52 S.)
- Gefühle und ihre Verwandlungen (404 S.)
- einsgerichtet (140 S.)
- Liebe und Eigenständigkeit (216 S.)
- Von innerer Fülle zu äußerem Gedeihen (52 S.)

Heilung
- Die Symbolik der Krankheiten (76 S.)

Kunst
- Herz des Tanzes – Tanz des Herzens (160 S.)
- Die Wurzeln der Kunst (60 S.)
- Wege zur Musik-Improvisation (32 S.)

Drama
- König Athelstan (104 S.)

„Magie für Anfänger"	**„Traumreisen"**
- Telepathie für Anfänger (60 S.)	- Traumreisen zu Heilpflanzen (700 S.)
- Telepathie für Fortgeschrittene (52 S.)	**Magie**
- Telekinese für Anfänger (52 S.)	- Handbuch für Zauberlehrlinge (408 S.)
- Analogien für Anfänger (56 S.)	- Wie man das Pentagramm-Ritual zum Leben
- Omen und Orakel für Anfänger (52 S.)	erweckt (308 S.)
- Lebenskraft für Anfänger (60 S.)	- Tarot (104 S.)
- Meditation für Anfänger (56 S.)	- Physik und Magie (184 S.)
- Kundalini für Anfänger (100 S.)	- Die Synthese von Physik und Magie (200S.)
- Hypnose für Anfänger (56 S.)	- Die Magie-Formel (156 S.)
- Auto-Movement für Anfänger (56 S.)	- Schwarze Löcher in der Magie (56 S.)
- Chakra-Magie für Anfänger (148 S.)	- Krafttiere – Tiergöttinnen – Tiertänze (112 S.)
- Astralreisen für Anfänger (56 S.)	- Schwitzhütten (524 S.)
- Astrologie für Anfänger (120 S.)	- Mythen und Magie der Harfe (116 S.)
- Silberschnüre für Anfänger (52 S.)	- Drei Adeptus Major Rituale (192 S.)
- Zaubersprüche für Anfänger (60 S.)	- Drei Adeptus Exemptus Rituale (120 S.)
- Ritual-Magie für Anfänger (56 S.)	- Zwei Infans Abyssi Rituale (128 S.)
- Mandalas für Anfänger (68 S.)	- Die Magie der Propheten Elias und Elisa (96 S.)
- Geldzauber für Anfänger (56 S.)	**Meditation**
- Liebeszauber für Anfänger (52 S.)	- Der Lebenskraftkörper (230 S.)
- Invokationen für Anfänger (52 S.)	- Die Chakren (100 S.)
- Evokationen für Anfänger (60 S.)	- Das Chakren-System mit den Nebenchakren (296 S.)
- Geister für Anfänger (52 S.)	- Organe und Chakren (64 S.)
- Elfen für Anfänger (56 S.)	- Die platonischen Körper in den Chakren (156 S.)
- Magie-Forschung für Anfänger (140 S.)	- Meditation (140 S.)
- Magie-Romantik für Anfänger (60 S.)	- Drachenfeuer (124 S.)
- Selbsterkenntnis für Anfänger (52 S.)	- Kundalini I (676 S.)
- Einweihungen für Anfänger (60 S.)	- Kundalini II (672 S.)
- Drogen-Kabbala für Anfänger (216 S.)	- Reinkarnation (156 S.)
- Zahlensymbolik für Anfänger (60 S.)	- einsgerichtet (140 S.)
- Die Sprache des Mondes – für Anfänger (116 S.)	**Astrologie**
- Zaubergesänge für Anfänger (100 S.)	- Astrologie (496 S.)
- Zukunftschau für Anfänger (60 S.)	- Photo-Astrologie (428 S.)
- Schamanismus für Anfänger (52 S.)	- Die astrologischen Aspekte (88 S.)
- Schwitzhütten für Anfänger (52 S.)	- Horoskop und Seele (120 S.)
- Magische Gegenstände für Anfänger (68 S.)	**Kabbala**
- Übertragungen für Anfänger (68 S.)	- Kursus der praktischen Kabbala (150 S.)
- Zaubertränke für Anfänger (64 S.)	- Eltern der Erde (450 S.)
- Magie-Gesten für Anfänger (252 S.)	- Blüten des Lebensbaumes:
- Da'ath-Magie für Anfänger (64 S.)	- Die Struktur des kabbalistischen
- Magie-Heilungen für Anfänger (68 S.)	Lebensbaumes (370 S.)
- Kornkreise für Anfänger (348 S.)	- Der kabbalistische Lebensbaum als
- Feng Shui für Anfänger (96 S.)	Forschungshilfsmittel (580 S.)
- Tao für Anfänger (112 S.)	- Der kabbalistische Lebensbaum als
- Magie für Anfänger – Sammelband I (696 S.)	spirituelle Landkarte (520 S.)
- Magie für Anfänger – Sammelband II (664 S.)	
- Magie für Anfänger – Sammelband III (580 S.)	
- Magie für Anfänger – Sammelband IV (700 S.)	
- Magie für Anfänger – Sammelband V (676 S.)	
Eilenstein, Frater V.D., Knecht, Büdenbender	**Büdenbender, Eilenstein**
- Magie heute – Berichte aus der Praxis (288 S.)	- Chaos, Alk und Magic (436 S.)
- Living Magic (261 p.)	

Die Themen der 87 Bände der Reihe „Die Götter der Germanen"

1. Die Entwicklung der germanischen Religion
2. Lexikon der germanischen Religion
3. Der ursprüngliche Göttervater Tyr
4. Tyr in der Unterwelt: der Schmied Wieland
5. Tyr in der Unterwelt: der Riesenkönig   Teil 1
6. Tyr in der Unterwelt: der Riesenkönig   Teil 2
7. Tyr in der Unterwelt: der Zwergenkönig
8. Der Himmelswächter Heimdall
9. Der Sommergott Baldur
10. Der Meeresgott: Ägir, Hler und Njörd
11. Der Eibengott Ullr
12. Die Zwillingsgötter Alcis
13. Der neue Göttervater Odin   Teil 1
14. Der neue Göttervater Odin   Teil 2
15. Der Fruchtbarkeitsgott Freyr
16. Der Chaos-Gott Loki
17. Der Donnergott Thor
18. Der Priestergott Hönir
19. Die Göttersöhne
20. Die unbekannteren Götter
21. Die Göttermutter Frigg
22. Die Liebesgöttin: Freya und Menglöd
23. Die Erdgöttinnen
24. Die Korngöttin Sif
25. Die Apfel-Göttin Idun
26. Die Hügelgrab-Jenseitsgöttin Hel
27. Die Meeres-Jenseitsgöttin Ran
28. Die unbekannteren Jenseitsgöttinnen
29. Die unbekannteren Göttinnen
30. Die Nornen
31. Die Walküren
32. Die Zwerge
33. Der Urriese Ymir
34. Die Riesen
35. Die Riesinnen
36. Mythologische Wesen
37. Mythologische Priester und Priesterinnen
38. Sigurd/Siegfried
39. Helden und Göttersöhne
40. Die Symbolik der Vögel und Insekten
41. Die Symbolik der Schlangen, Drachen und Ungeheuer
42.a Die Symbolik der Herdentiere I
42.b Die Symbolik der Herdentiere II
43. Die Symbolik der Raubtiere
44. Die Symbolik der Wassertiere und sonstigen Tiere
45. Die Symbolik der Pflanzen
46. Die Symbolik der Farben
47. Die Symbolik der Zahlen
48. Die Symbolik von Sonne, Mond und Sternen
49.a Das Jenseits I – Das Hügelgrab
49.b Das Jenseits II – Der Jenseitsweg
50. Seelenvogel, Utiseta und Einweihung
51. Wiederzeugung und Wiedergeburt
52. Elemente der Kosmologie
53. Der Weltenbaum
54. Die Symbolik der Himmelsrichtungen und der Jahreszeiten
55.a Mythologische Motive I
55.b Mythologische Motive II
56. Der Tempel
57. Die Einrichtung des Tempels
58. Priesterin – Seherin – Zauberin – Hexe
59. Priester – Seher – Zauberer
60. Rituelle Kleidung und Schmuck
61. Skalden und Skaldinnen
62. Kriegerinnen und Ekstase-Krieger
63. Die Symbolik der Körperteile
64.a Magie und Ritual I
64.b Magie und Ritual II
64.c Magie und Ritual III
65. Gestaltwandlungen
66.a Magische Angriffs-Waffen
66.b Magische Verteidigungs-Waffen
67. Magische Werkzeuge und Gegenstände
68. Zaubersprüche
69. Göttermet
70. Zaubertränke
71. Träume, Omen und Orakel
72. Runen
73. Sozial-religiöse Rituale
74. Weisheiten und Sprichworte
75. Kenningar
76. Rätsel
77. Die vollständige Edda des Snorri Sturluson
78. Frühe Skaldenlieder
79.a Mythologische Sagas I
79.b Mythologische Sagas II
80. Hymnen an die germanischen Götter